Simone Veil

« ELLES SONT 300 000 CHAQUE ANNÉE »

Discours pour le droit à l'avortement
devant l'Assemblée nationale

DISCOURS DE RÉCEPTION À L'ACADÉMIE FRANÇAISE

*

Jean d'Ormesson

« VOUS ÊTES DU CÔTÉ DES FEMMES »

*

Jacques Chirac

ALLOCUTION ET RÉPONSE
DE SIMONE VEIL

Points / Robert Laffont

ISBN 978-2-7578-7135-5

© Points, 2009
© Éditions Robert Laffont, S.A., Paris, 2010

Le Code de la propriété intellectuelle interdit les copies ou reproductions destinées à une utilisation collective. Toute représentation ou reproduction intégrale ou partielle faite par quelque procédé que ce soit, sans le consentement de l'auteur ou de ses ayants cause, est illicite et constitue une contrefaçon sanctionnée par les articles L.335-2 et suivants du Code de la propriété intellectuelle.

Sommaire

« Elles sont 300 000 chaque année »
Discours de Simone Veil
pour le droit à l'avortement
devant l'Assemblée nationale (1974)...... 7

Discours de réception de Simone Veil
à l'Académie française (2010) 35

« Vous êtes du côté des femmes »
Réponse de Jean d'Ormesson (2010)...... 71

Allocution de Jacques Chirac (2010)...... 101

Allocution de Simone Veil (2010) 109

Chronologie 115

« Elles sont 300 000 chaque année »

Discours de la ministre Simone Veil pour le droit à l'avortement devant l'Assemblée nationale

26 novembre 1974

Magistrate, nommée ministre de la Santé en 1974, Simone Veil entreprend, dès le début du septennat de Valéry Giscard d'Estaing, de défendre un projet de dépénalisation de l'avortement. La pénalisation de l'avortement et les lourdes sanctions encourues depuis 1920 demeurent, dans les années 1970, des verrous solides à la libéralisation de la femme et à la réappropriation sociale de la conception et de la construction de la famille. Soutenue par le président de la République, les socialistes et les communistes, Simone Veil fait face à l'opposition de la majorité des giscardiens, des gaullistes et des centristes. Rarement, sous la Cinquième République, les débats furent aussi houleux et les mises en cause personnelles aussi violentes envers un dirigeant en raison de ses choix politiques. Par prudence, il est prévu que la loi sera réexaminée cinq ans plus tard. En 1979, une nouvelle fois sans l'appui de la majorité, Simone Veil voit son projet difficilement mais définitivement adopté.

Mme Simone Veil, ministre de la Santé : Monsieur le président, mesdames, messieurs, si j'interviens aujourd'hui à cette tribune, ministre de la Santé, femme et non-parlementaire, pour proposer aux élus de la nation une profonde modification de la législation sur l'avortement, croyez bien que c'est avec un profond sentiment d'humilité devant la difficulté du problème, comme devant l'ampleur des résonances qu'il suscite, et en pleine conscience de la gravité des responsabilités que nous allons assumer ensemble.

Mais c'est aussi avec la plus grande conviction que je défendrai un projet longuement réfléchi et délibéré par l'ensemble du Gouvernement, un projet qui, selon les termes mêmes du Président de la République, a pour objet de « mettre fin à une situation de désordre et d'injustice et d'apporter une solution mesurée et humaine à un des problèmes les plus difficiles de notre temps ».

Si le Gouvernement peut aujourd'hui vous présenter un tel projet, c'est grâce à tous ceux d'entre vous – et ils sont nombreux et de tous horizons – qui, depuis plusieurs années, se sont efforcés de proposer une nouvelle législation, mieux adaptée au consensus social et à la situation de fait que connaît notre pays.

C'est aussi parce que le gouvernement de M. Messmer[1] avait pris la responsabilité de vous soumettre un projet novateur et courageux. Chacun d'entre nous garde en mémoire la très remarquable et émouvante présentation qu'en avait faite M. Jean Taittinger[2].

C'est enfin parce que, au sein d'une commission spéciale présidée par M. Berger, nombreux sont les députés qui ont entendu, pendant de longues heures, les représentants de toutes les familles d'esprit, ainsi que les principales personnalités compétentes en la matière.

Pourtant, d'aucuns s'interrogent encore : une nouvelle loi est-elle vraiment nécessaire ? Pour quelques-uns, les choses sont simples : il existe une loi répressive, il n'y a qu'à l'appliquer. D'autres se demandent pourquoi le Parlement devrait trancher maintenant ces problèmes : nul n'ignore que depuis l'origine, et particulièrement depuis le début du siècle, la loi a toujours été rigoureuse, mais qu'elle n'a été que peu appliquée.

En quoi les choses ont-elles donc changé, qui oblige à intervenir ? Pourquoi ne pas maintenir le principe

---

1. Pierre Messmer (1916-2007), homme politique, Premier ministre (1972-1974) du président Pompidou.

2. Jean Taittinger (1923-2012), député de la Marne.

et continuer à ne l'appliquer qu'à titre exceptionnel ? Pourquoi consacrer une pratique délictueuse et, ainsi, risquer de l'encourager ? Pourquoi légiférer et couvrir ainsi le laxisme de notre société, favoriser les égoïsmes individuels au lieu de faire revivre une morale de civisme et de rigueur ? Pourquoi risquer d'aggraver un mouvement de dénatalité dangereusement amorcé au lieu de promouvoir une politique familiale généreuse et constructive qui permette à toutes les mères de mettre au monde et d'élever les enfants qu'elles ont conçus ?

Parce que tout nous montre que la question ne se pose pas en ces termes. Croyez-vous que ce gouvernement et celui qui l'a précédé se seraient résolus à élaborer un texte et à vous le proposer s'ils avaient pensé qu'une autre solution était encore possible ?

Nous sommes arrivés à un point où, en ce domaine, les pouvoirs publics ne peuvent plus éluder leurs responsabilités. Tout le démontre : les études et les travaux menés depuis plusieurs années, les auditions de votre commission, l'expérience des autres pays européens. Et la plupart d'entre vous le sentent, qui savent qu'on ne peut empêcher les avortements clandestins et qu'on ne peut non plus appliquer la loi pénale à toutes les femmes qui seraient passibles de ses rigueurs.

Pourquoi donc ne pas continuer à fermer les yeux ? Parce que la situation actuelle est mauvaise. Je dirai même qu'elle est déplorable et dramatique.

Elle est mauvaise parce que la loi est ouvertement bafouée, pire même, ridiculisée. Lorsque l'écart entre les infractions commises et celles qui sont poursuivies est tel qu'il n'y a plus à proprement parler de répression, c'est le respect des citoyens pour la loi, et donc l'autorité de l'État, qui sont mis en cause.

Lorsque des médecins, dans leurs cabinets, enfreignent la loi et le font connaître publiquement, lorsque les parquets, avant de poursuivre, sont invités à en référer dans chaque cas au ministère de la Justice, lorsque des services sociaux d'organismes publics fournissent à des femmes en détresse les renseignements susceptibles de faciliter une interruption de grossesse, lorsque, aux mêmes fins, sont organisés ouvertement et même par charter des voyages à l'étranger, alors je dis que nous sommes dans une situation de désordre et d'anarchie qui ne peut plus continuer. *(Applaudissements sur divers bancs des républicains indépendants de l'Union des démocrates pour la République, des réformateurs, des centristes et des démocrates sociaux et sur quelques bancs des socialistes et radicaux de gauche.)*

Mais, me direz-vous, pourquoi avoir laissé la situation se dégrader ainsi et pourquoi la tolérer ? Pourquoi ne pas faire respecter la loi ?

Parce que si des médecins, si des personnels sociaux, si même un certain nombre de citoyens participent à ces actions illégales, c'est bien qu'ils s'y sentent contraints ; en opposition parfois avec leurs convictions personnelles, ils se trouvent confrontés à des situations de fait qu'ils ne peuvent méconnaître. Parce qu'en face d'une femme décidée à interrompre sa grossesse, ils savent qu'en refusant leur conseil et leur soutien ils la rejettent dans la solitude et l'angoisse d'un acte perpétré dans les pires conditions, qui risque de la laisser mutilée à jamais. Ils savent que la même femme, si elle a de l'argent, si elle sait s'informer, se rendra dans un pays voisin ou même en France dans certaines cliniques et pourra, sans encourir aucun risque ni aucune pénalité, mettre fin à sa grossesse. Et ces femmes, ce ne sont pas nécessairement les plus immorales ou les plus inconscientes. Elles sont 300 000 chaque année. Ce sont celles que nous côtoyons chaque jour et dont nous ignorons la plupart du temps la détresse et les drames.

C'est à ce désordre qu'il faut mettre fin. C'est cette injustice qu'il convient de faire cesser. Mais comment y parvenir ?

Je le dis avec toute ma conviction : l'avortement doit rester l'exception, l'ultime recours pour des situations sans issue. Mais comment le tolérer sans qu'il perde ce caractère d'exception, sans que la société paraisse l'encourager ? Je voudrais tout d'abord vous faire partager une conviction de femme – je m'excuse de le faire devant cette Assemblée presque exclusivement composée d'hommes : aucune femme ne recourt de gaieté de cœur à l'avortement. Il suffit d'écouter les femmes.

(Applaudissements sur divers bancs de l'Union des démocrates pour la République, des républicains

indépendants, des réformateurs, des centristes et des démocrates sociaux et sur quelques bancs des socialistes et radicaux de gauche.)

C'est toujours un drame et cela restera toujours un drame.

C'est pourquoi, si le projet qui vous est présenté tient compte de la situation de fait existante, s'il admet la possibilité d'une interruption de grossesse, c'est pour la contrôler et, autant que possible, en dissuader la femme.

Nous pensons ainsi répondre au désir conscient ou inconscient de toutes les femmes qui se trouvent dans cette situation d'angoisse, si bien décrite et analysée par certaines des personnalités que votre commission spéciale a entendues au cours de l'automne 1973.

Actuellement, celles qui se trouvent dans cette situation de détresse, qui s'en préoccupe ? La loi les rejette non seulement dans l'opprobre, la honte et la solitude, mais aussi dans l'anonymat et l'angoisse des poursuites. Contraintes de cacher leur état, trop souvent elles ne trouvent personne pour les écouter, les éclairer et leur apporter un appui et une protection.

Parmi ceux qui combattent aujourd'hui une éventuelle modification de la loi répressive, combien sont-ils qui se sont préoccupés d'aider ces femmes dans leur détresse ? Combien sont-ils ceux qui, au-delà de ce qu'ils jugent comme une faute, ont su manifester aux jeunes mères célibataires la compréhension et l'appui moral dont elles avaient grand besoin ? *(Applaudissement sur divers bancs de l'Union des démocrates pour la République, des républicains indépendants et sur quelques bancs des socialistes et radicaux de gauche.)*

Je sais qu'il en existe et je me garderai de généraliser. Je n'ignore pas l'action de ceux qui, profondément conscients de leurs responsabilités, font tout ce qui est à leur portée pour permettre à ces femmes d'assumer leur maternité. Nous aiderons leur entreprise ; nous ferons appel à eux pour nous aider à assurer les consultations sociales prévues par la loi.

Mais la sollicitude et l'aide, lorsqu'elles existent, ne suffisent pas toujours à dissuader. Certes, les difficultés auxquelles sont confrontées les femmes sont parfois moins graves qu'elles ne les perçoivent. Certaines peuvent être dédramatisées et surmontées ; mais d'autres demeurent qui font que certaines femmes se sentent acculées à une situation sans autre issue que le suicide, la ruine de leur équilibre familial ou le malheur de leurs enfants.

C'est là, hélas ! la plus fréquente des réalités, bien davantage que l'avortement dit « de convenance ». S'il n'en était pas ainsi, croyez-vous que tous les pays, les uns après les autres, auraient été conduits à réformer leur législation en la matière et à admettre que ce qui était hier sévèrement réprimé soit désormais légal ?

Ainsi, conscient d'une situation intolérable pour l'État et injuste aux yeux de la plupart, le Gouvernement a renoncé à la voie de la facilité, celle qui aurait consisté à ne pas intervenir. C'eût été cela le laxisme. Assumant ses responsabilités, il vous soumet un projet de loi réaliste, humaine et juste.

Certains penseront sans doute que notre seule préoccupation a été l'intérêt de la femme, que c'est un texte qui a été élaboré dans cette seule perspective. Il n'y est guère question ni de la société, ou plutôt de la nation, ni du père de l'enfant à naître et moins encore de cet enfant.

Je me garde bien de croire qu'il s'agit d'une affaire individuelle ne concernant que la femme et que la nation n'est pas en cause. Ce problème la concerne au premier chef, mais sous des angles différents et qui ne requièrent pas nécessairement les mêmes solutions.

L'intérêt de la nation, c'est assurément que la France soit jeune, que sa population soit en pleine croissance. Un tel projet, adopté après une loi libéralisant la contraception, ne risque-t-il pas d'entraîner une chute importante de notre taux de natalité qui amorce déjà une baisse inquiétante ?

Ce n'est là ni un fait nouveau, ni une évolution propre à la France : un mouvement de baisse assez régulier des taux de natalité et de fécondité est apparu depuis 1965 dans tous les pays européens, quelle que soit leur législation en matière d'avortement ou même de contraception.

Il serait hasardeux de chercher des causes simples à un phénomène aussi général. Aucune explication ne peut y être apportée au niveau national. Il s'agit d'un fait de civilisation révélateur de l'époque que nous vivons et qui obéit à des règles complexes que d'ailleurs nous connaissons mal.

Les observations faites dans de nombreux pays étrangers par les démographes ne permettent pas d'affirmer qu'il existe une corrélation démontrée entre une modification de la législation de l'avortement et l'évolution des taux de natalité, et surtout de fécondité.

Il est vrai que l'exemple de la Roumanie semble démentir cette constatation, puisque la décision prise par le gouvernement de ce pays, à la fin de l'année 1966, de revenir sur des dispositions non répressives adoptées dix ans plus tôt a été suivie d'une forte explosion de natalité. Cependant, ce qu'on omet de dire, c'est qu'une baisse non moins spectaculaire s'est produite ensuite, et il est essentiel de remarquer que dans ce pays, où n'existait aucune forme de contraception moderne, l'avortement a été le mode principal de limitation des naissances. L'intervention brutale d'une législation restrictive explique bien dans ce contexte un phénomène qui est demeuré exceptionnel et passager.

Tout laisse à penser que l'adoption du projet de loi n'aura que peu d'effets sur le niveau de la natalité en France, les avortements légaux remplaçant en fait les avortements clandestins, une fois passée une période d'éventuelles oscillations à court terme.

Il n'en reste pas moins que la baisse de notre natalité, si elle est indépendante de l'état de la législation sur l'avortement, est un phénomène inquiétant, à l'égard duquel les pouvoirs publics ont l'impérieux devoir de réagir.

Une des premières réunions du conseil de planification que présidera le Président de la République va être consacrée à un examen d'ensemble des problèmes de la démographie française et des moyens de mettre un frein à une évolution inquiétante pour l'avenir du pays.

Quant à la politique familiale, le Gouvernement a estimé qu'il s'agissait d'un problème distinct de celui de la législation sur l'avortement...

M. Pierre-Charles Krieg[1] : Et financier !

Mme la ministre de la Santé : ... et qu'il n'y avait pas lieu de lier ces deux problèmes dans la discussion législative.

Cela ne signifie pas qu'il n'y attache pas une extrême importance. Dès vendredi, l'Assemblée aura à délibérer d'un projet de loi tendant à améliorer très sensiblement les allocations servies en matière de frais de garde et les allocations dites d'orphelin, qui sont notamment destinées aux enfants des mères célibataires. Ce projet réformera, en outre, le régime de l'allocation maternité et les conditions d'attribution des prêts aux jeunes ménages.

En ce qui me concerne, je m'apprête à proposer à l'Assemblée divers projets. L'un d'entre eux tend

---

1. Pierre-Charles Krieg (1922-1998), député UDR, Paris.

à favoriser l'action des travailleuses familiales en prévoyant leur intervention éventuelle au titre de l'aide sociale. Un autre a pour objet d'améliorer les conditions de fonctionnement et de financement des centres maternels, où sont accueillies les jeunes mères en difficulté pendant leur grossesse et les premiers mois de la vie de leur enfant. J'ai l'intention de faire un effort particulier pour la lutte contre la stérilité, par la suppression du ticket modérateur pour toutes les consultations en cette matière. D'autre part, j'ai demandé à l'INSERM de lancer, dès 1975, une action thématique de recherche sur ce problème de la stérilité qui désespère tant de couples.

Avec M. le garde des Sceaux, je me prépare à tirer les conclusions du rapport que votre collègue, M. Rivierez, parlementaire en mission, vient de rédiger sur l'adoption. Répondant aux vœux de tant de personnes qui souhaitent adopter un enfant, j'ai décidé d'instituer un Conseil supérieur de l'adoption qui sera chargé de soumettre aux pouvoirs publics toutes suggestions utiles sur ce problème. Enfin et surtout, le Gouvernement s'est publiquement engagé, par la voix de M. Durafour, à entamer dès les toutes prochaines semaines avec les organisations familiales la négociation d'un contrat de progrès dont le contenu sera arrêté d'un commun accord avec les représentants des familles, sur la base de propositions qui seront soumises au Conseil consultatif de la famille que je préside. *(Applaudissements sur plusieurs bancs de l'Union des démocrates pour la République et des républicains indépendants.)*

En réalité, comme le soulignent tous les démographes, ce qui importe, c'est de modifier l'image que se font les Français du nombre idéal d'enfants par couple. Cet objectif est infiniment complexe et la discussion de l'avortement ne saurait se limiter à des mesures financières nécessairement ponctuelles.

Le second absent dans ce projet pour beaucoup d'entre vous sans doute, c'est le père. La décision de l'interruption de grossesse ne devrait pas, chacun le ressent, être prise par la femme seule, mais aussi par son mari ou son compagnon. Je souhaite, pour ma part, que dans les faits il en soit toujours ainsi et j'approuve la commission de nous avoir proposé une modification en ce sens : mais, comme elle l'a fort bien compris, il n'est pas possible d'instituer en cette matière une obligation juridique.

Enfin, le troisième absent, l'enfant, n'est-ce pas cette promesse de vie que porte en elle la femme ? Je me refuse à entrer dans les discussions scientifiques et philosophiques dont les auditions de la commission ont montré qu'elles posaient un problème insoluble. Plus personne ne conteste maintenant que, sur un plan strictement médical, l'embryon porte en lui définitivement toutes les virtualités de l'être humain qu'il deviendra. Mais il n'est encore qu'un devenir, qui aura à surmonter bien des aléas avant de venir à terme, un fragile chaînon de la transmission de la vie.

Faut-il rappeler que, selon les études de l'Organisation mondiale de la santé, sur cent conceptions, quarante-cinq s'interrompent d'elles-mêmes au cours des deux premières semaines et que, sur cent grossesses au début de la troisième semaine, un quart n'arrive pas à terme, du seul fait de phénomènes naturels ? La seule certitude sur laquelle nous puissions nous appuyer, c'est le fait qu'une femme ne prend pleine conscience qu'elle porte un être vivant qui sera un jour son enfant que lorsqu'elle ressent en elle les premières manifestations de cette vie. Et c'est, sauf pour les femmes qu'anime une profonde conviction religieuse, ce décalage entre ce qui n'est qu'un devenir pour lequel la femme n'éprouve pas encore de sentiment profond et ce qu'est l'enfant dès l'instant de sa naissance qui explique que certaines, qui repousseraient avec horreur l'éventualité monstrueuse de l'infanticide, se résignent à envisager la perspective de l'avortement.

Combien d'entre nous, devant le cas d'un être cher dont l'avenir serait irrémédiablement compromis, n'ont pas eu le sentiment que les principes devaient parfois céder le pas !

Il n'en serait pas de même – c'est évident – si cet acte était véritablement perçu comme un crime analogue aux autres. Certains, parmi ceux qui sont les plus opposés au vote de ce projet, acceptent qu'en fait on n'exerce plus de poursuites et s'opposeraient même avec moins de vigueur au vote d'un texte qui se bornerait à prévoir la suspension des poursuites pénales. C'est donc qu'eux-mêmes perçoivent qu'il s'agit là d'un acte d'une nature particulière, ou, en tout cas, d'un acte qui appelle une solution spécifique.

L'Assemblée ne m'en voudra pas d'avoir abordé longuement cette question. Vous sentez tous que c'est là un point essentiel, sans doute le fond même du débat. Il convenait de l'évoquer avant d'en venir à l'examen du contenu du projet.

En préparant le projet qu'il vous soumet aujourd'hui, le Gouvernement s'est fixé un triple objectif : faire une loi réellement applicable ; faire une loi dissuasive ; faire une loi protectrice.

Ce triple objectif explique l'économie du projet.

Une loi applicable d'abord.

Un examen rigoureux des modalités et des conséquences de la définition de cas dans lesquels serait autorisée l'interruption de grossesse révèle d'insurmontables contradictions.

Si ces conditions sont définies en termes précis – par exemple l'existence de graves menaces pour la santé physique ou mentale de la femme, ou encore, par exemple, les cas de viol ou d'inceste vérifiés par un magistrat –, il est clair que la modification de la législation n'atteindra pas son but quand ces critères seront réellement respectés, puisque la proportion d'interruptions de grossesse pour de tels motifs est faible. Au surplus, l'appréciation de cas éventuels de viol ou d'inceste soulèverait des problèmes de preuve pratiquement insolubles dans un délai adapté à la situation.

Si, au contraire, c'est une définition large qui est donnée – par exemple, le risque pour la santé psychique ou l'équilibre psychologique ou la difficulté des conditions matérielles ou morales d'existence –, il est clair que les médecins ou les commissions qui seraient chargés de décider si ces conditions sont réunies auraient à prendre leur décision sur la base de critères insuffisamment précis pour être objectifs.

Dans de tels systèmes, l'autorisation de pratiquer l'interruption de grossesse n'est en pratique donnée qu'en fonction des conceptions personnelles des médecins ou des commissions en matière d'avortement et ce sont les femmes les moins habiles à trouver le médecin le plus compréhensif ou la commission la plus indulgente qui se trouveront encore dans une situation sans issue.

Pour éviter cette injustice, l'autorisation est donnée dans bien des pays de façon quasi automatique, ce qui rend une telle procédure inutile, tout en laissant à elles-mêmes un certain nombre de femmes qui ne veulent pas encourir l'humiliation de se présenter devant une instance qu'elles ressentent comme un tribunal.

Or, si le législateur est appelé à modifier les textes en vigueur, c'est pour mettre fin aux avortements clandestins qui sont le plus souvent le fait de celles qui, pour des raisons sociales, économiques ou psychologiques, se sentent dans une telle situation de détresse qu'elles sont décidées à mettre fin à leur grossesse dans n'importe quelles conditions. C'est pourquoi, renonçant à une formule plus ou moins ambiguë ou plus ou moins vague, le Gouvernement a estimé préférable d'affronter la réalité et de reconnaître qu'en définitive la décision ultime ne peut être prise que par la femme.

Remettre la décision à la femme, n'est-ce pas contradictoire avec l'objectif de dissuasion, le second des deux que s'assigne ce projet ?

Ce n'est pas un paradoxe que de soutenir qu'une femme sur laquelle pèse l'entière responsabilité de son geste hésitera davantage à l'accomplir que celle qui aurait le sentiment que la décision a été prise à sa place par d'autres.

Le Gouvernement a choisi une solution marquant clairement la responsabilité de la femme parce qu'elle est plus dissuasive au fond qu'une autorisation émanant d'un tiers qui ne serait ou ne deviendrait vite qu'un faux-semblant.

Ce qu'il faut, c'est que cette responsabilité, la femme ne l'exerce pas dans la solitude ou dans l'angoisse.

Tout en évitant d'instituer une procédure qui puisse la détourner d'y avoir recours, le projet prévoit donc diverses consultations qui doivent la conduire à mesurer toute la gravité de la décision qu'elle se propose de prendre.

Le médecin peut jouer ici un rôle capital, d'une part, en informant complètement la femme des risques médicaux de l'interruption de grossesse qui sont maintenant bien connus, et tout spécialement des risques de prématurité de ses enfants futurs, et, d'autre part, en la sensibilisant au problème de la contraception.

Cette tâche de dissuasion et de conseil revient au corps médical de façon privilégiée et je sais pouvoir compter sur l'expérience et le sens de l'humain des médecins pour qu'ils s'efforcent d'établir au cours de ce colloque singulier le dialogue confiant et attentif que les femmes recherchent, parfois même inconsciemment.

Le projet prévoit ensuite une consultation auprès d'un organisme social qui aura pour mission d'écouter la femme, ou le couple lorsqu'il y en a un, de lui laisser exprimer sa détresse, de l'aider à obtenir des aides si cette détresse est financière, de lui faire prendre conscience de la réalité des obstacles qui s'opposent ou semblent s'opposer à l'accueil d'un enfant. Bien des femmes apprendront ainsi à l'occasion de cette consultation qu'elles peuvent accoucher anonymement et gratuitement à l'hôpital et que l'adoption éventuelle de leur enfant peut constituer une solution.

Il va sans dire que nous souhaitons que ces consultations soient les plus diversifiées possible et que, notamment, les organismes qui se sont spécialisés pour aider les jeunes femmes en difficulté puissent continuer à les accueillir et à leur apporter l'aide qui les incite à renoncer à leur projet. Tous ces entretiens auront naturellement lieu seule à seule, et il est bien évident que l'expérience et la psychologie des personnes appelées à accueillir les femmes en détresse pourront contribuer de façon non négligeable à leur apporter un soutien de nature à les faire changer d'avis. Ce sera, en outre, une nouvelle occasion d'évoquer avec la femme le problème de la contraception et la nécessité, dans l'avenir, d'utiliser des moyens contraceptifs pour ne plus jamais avoir à prendre la décision d'interrompre une grossesse pour les cas où la femme ne désirerait pas avoir d'enfant. Cette information en matière de régulation des naissances – qui est la meilleure des dissuasions à l'avortement – nous paraît si essentielle que nous avons prévu d'en faire une obligation, sous peine de fermeture administrative, à la charge des établissements où se feraient les interruptions de grossesse.

Les deux entretiens qu'elle aura eus, ainsi que le délai de réflexion de huit jours qui lui sera imposé, ont paru indispensables pour faire prendre conscience à la femme de ce qu'il ne s'agit pas d'un acte normal ou banal, mais d'une décision grave qui ne peut être prise sans en avoir pesé les conséquences et qu'il convient d'éviter à tout prix. Ce n'est qu'après cette prise de conscience, et dans le cas où la femme n'aurait pas renoncé à sa décision, que l'interruption de grossesse pourrait avoir lieu. Cette intervention ne doit toutefois pas être pratiquée sans de strictes garanties médicales pour la femme elle-même, et c'est le troisième objectif du projet de loi : protéger la femme.

Tout d'abord, l'interruption de grossesse ne peut être que précoce, parce que ses risques physiques et psychiques, qui ne sont jamais nuls, deviennent trop sérieux après la fin de la dixième semaine qui suit la conception pour que l'on permette aux femmes de s'y exposer.

Ensuite, l'interruption de grossesse ne peut être pratiquée que par un médecin, comme c'est la règle dans tous les pays qui ont modifié leur législation dans ce domaine. Mais il va de soi qu'aucun médecin ou auxiliaire médical ne sera jamais tenu d'y participer.

Enfin, pour donner plus de sécurité à la femme, l'intervention ne sera permise qu'en milieu hospitalier, public ou privé.

Il ne faut pas dissimuler que le respect de ces dispositions, que le Gouvernement juge essentielles et qui restent sanctionnées par les pénalités prévues à l'article 317 du Code pénal, maintenues en vigueur à cet égard, implique une sérieuse remise en ordre que le Gouvernement entend mener à bien. Il sera mis fin à des pratiques qui ont reçu récemment une fâcheuse publicité et qui ne pourront plus être tolérées dès lors que les femmes auront la possibilité de recourir légalement à des interventions accomplies dans de réelles conditions de sécurité.

De même, le Gouvernement est décidé à appliquer fermement les dispositions nouvelles qui remplaceront celles de la loi de 1920 en matière de propagande et de publicité. Contrairement à ce qui est dit ici ou là, le projet n'interdit pas de donner des informations sur la loi et sur l'avortement ; il interdit l'incitation à l'avortement par quelque moyen que ce soit, car cette incitation reste inadmissible.

Cette fermeté, le Gouvernement la montrera encore en ne permettant pas que l'interruption de grossesse donne lieu à des profits choquants ; les honoraires et les frais d'hospitalisation ne devront pas dépasser des plafonds fixés par décision administrative en vertu de la législation relative aux prix. Dans le même souci, et pour éviter de tomber dans les abus constatés dans certains pays, les étrangères devront justifier de conditions de résidence pour que leur grossesse puisse être interrompue.

Je voudrais enfin expliquer l'option prise par le Gouvernement, qui a été critiquée par certains, sur le non-remboursement de l'interruption de grossesse par la Sécurité sociale.

Lorsque l'on sait que les soins dentaires, les vaccinations non obligatoires, les verres correcteurs ne sont pas ou sont encore très incomplètement remboursés par la Sécurité sociale, comment faire comprendre que l'interruption de grossesse, soit, elle, remboursée ? *(Mouvements divers.)* Si l'on s'en tient aux principes généraux de la Sécurité sociale, l'interruption de grossesse, lorsqu'elle n'est pas thérapeutique, n'a pas à être prise en charge. Faut-il faire exception à ce principe ? Nous ne le pensons pas, car il nous a paru nécessaire de souligner la gravité d'un acte qui doit rester exceptionnel, même s'il entraîne dans certains cas une charge financière pour les femmes.

Ce qu'il faut, c'est que l'absence de ressources ne puisse pas empêcher une femme de demander une interruption de grossesse lorsque cela se révèle indispensable : c'est pourquoi l'aide médicale a été prévue pour les plus démunies.

Ce qu'il faut aussi, c'est bien marquer la différence entre la contraception qui, lorsque les femmes ne désirent pas un enfant, doit être encouragée par tous les moyens et dont le remboursement par la Sécurité sociale vient d'être décidé, et l'avortement que la société tolère mais qu'elle ne saurait ni prendre en charge ni encourager. *(Très bien : très bien ! sur divers bancs de l'Union des démocrates pour la République.)*

Rares sont les femmes qui ne désirent pas d'enfant ; la maternité fait partie de l'accomplissement de leur vie et celles qui n'ont pas connu ce bonheur en souffrent profondément. Si l'enfant, une fois né, est rarement rejeté et donne à sa mère, avec son premier sourire, les plus grandes joies qu'elle puisse connaître, certaines femmes se sentent incapables, en raison des difficultés très graves qu'elles connaissent à un moment de leur existence, d'apporter à un enfant l'équilibre affectif et la sollicitude qu'elles lui doivent. À ce moment, elles feront tout pour l'éviter ou ne pas le garder. Et personne ne pourra les en empêcher. Mais les mêmes femmes, quelques mois plus tard, leur vie affective ou matérielle s'étant transformée, seront les premières à souhaiter un enfant et deviendront les mères les plus attentives. C'est pour celles-là que nous voulons mettre fin à l'avortement clandestin, auquel elles ne manqueraient pas de recourir, au risque de rester stériles ou atteintes au plus profond d'elles-mêmes.

J'en arrive au terme de mon exposé. Volontairement, j'ai préféré m'expliquer sur la philosophie générale du projet plutôt que sur le détail de ses dispositions que nous examinerons à loisir au cours de la discussion des articles.

Je sais qu'un certain nombre d'entre vous estimeront en conscience qu'ils ne peuvent voter ce texte, pas davantage qu'aucune loi faisant sortir l'avortement de l'interdit et du clandestin.

Ceux-là, j'espère les avoir au moins convaincus que ce projet est le fruit d'une réflexion honnête et approfondie sur tous les aspects du problème et que si le Gouvernement a pris la responsabilité de le soumettre au Parlement, ce n'est qu'après en avoir mesuré la portée immédiate aussi bien que les conséquences futures pour la nation.

Je ne leur en donnerai qu'une preuve, c'est que, usant d'une procédure tout à fait exceptionnelle en matière législative, le Gouvernement vous propose d'en limiter l'application à cinq années. Ainsi dans l'hypothèse où il apparaîtrait au cours de ce laps de temps que la loi que vous auriez votée ne serait plus adaptée à l'évolution démographique ou au progrès médical, le Parlement aurait à se prononcer à nouveau dans cinq ans en tenant compte de ces nouvelles données.

D'autres hésitent encore. Ils sont conscients de la détresse de trop de femmes et souhaitent leur venir en aide ; ils craignent toutefois les effets et les conséquences de la loi. À ceux-ci je veux dire que si la loi est générale et donc abstraite, elle est faite pour s'appliquer à des situations individuelles souvent angoissantes ; que si elle n'interdit plus, elle ne crée aucun droit à l'avortement et que, comme le disait Montesquieu « la nature des lois humaines est d'être soumise à tous les accidents qui arrivent et de varier à mesure que les volontés des hommes changent. Au contraire la nature des lois de la religion est de ne varier jamais. Les lois humaines statuent sur le bien, la religion sur le meilleur ».

C'est bien dans cet esprit que depuis une dizaine d'années, grâce au président de votre commission des lois, avec lequel j'ai eu l'honneur de collaborer lorsqu'il était garde des Sceaux, a été rajeuni et transformé notre prestigieux Code civil. Certains ont craint alors que, en prenant acte d'une nouvelle image de la famille, on ne contribue à la détériorer. Il n'en a rien été et notre pays peut s'honorer d'une législation civile désormais plus juste, plus humaine, mieux adaptée à la société dans laquelle nous vivons. *(Murmures sur divers bancs. Applaudissements sur de nombreux bancs de l'Union des démocrates pour la République, des républicains indépendants et des réformateurs, des centristes et des démocrates sociaux.)*

Je sais que le problème dont nous débattons aujourd'hui concerne des questions infiniment plus graves et qui troublent beaucoup plus la conscience de chacun. Mais en définitive il s'agit aussi d'un problème de société.

Je voudrais enfin vous dire ceci : au cours de la discussion je défendrai ce texte, au nom du Gouvernement, sans arrière-pensée, et avec toute ma conviction, mais il est vrai que personne ne peut éprouver une satisfaction profonde à défendre un tel texte – le meilleur possible à mon avis – sur un tel sujet : personne n'a jamais contesté et le ministre de la Santé moins que quiconque, que l'avortement soit un échec, quand il n'est pas un drame.

Mais nous ne pouvons plus fermer les yeux sur les 300 000 avortements qui, chaque année, mutilent les femmes de ce pays, qui bafouent nos lois et qui humilient ou traumatisent celles qui y ont recours.

L'histoire nous montre que les grands débats qui ont divisé un moment les Français apparaissent avec le recul du temps comme une étape nécessaire à la formation d'un nouveau consensus social, qui s'inscrit dans la tradition de tolérance et de mesure de notre pays.

Je ne suis pas de ceux et de celles qui redoutent l'avenir.

Les jeunes générations nous surprennent parfois en ce qu'elles diffèrent de nous ; nous les avons nous-mêmes élevées de façon différente de celle dont nous l'avons été. Mais cette jeunesse est courageuse, capable d'enthousiasme et de sacrifices comme les autres. Sachons lui faire confiance pour conserver à la vie sa valeur suprême. *(Applaudissements sur de nombreux bancs des républicains indépendants, de l'Union des démocrates pour la République, des réformateurs, des centristes et des démocrates sociaux et sur quelques bancs des socialistes et radicaux de gauche.)*

Discours de réception
de Simone Veil
à l'Académie française

18 mars 2010

Mesdames, Messieurs,

Depuis que vous m'avez fait le très grand honneur de me convier à frapper à la porte de votre Compagnie, qui s'est ouverte aussitôt, la fierté que j'éprouve ne s'est pas départie de quelque perplexité. En effet, même si l'Académie française, dès sa naissance, a toujours diversifié son annuaire, jusqu'à, pensez donc, s'ouvrir à des femmes, elle demeure à mes yeux le temple de la langue française. Dans ce dernier bastion, elle épouse son temps, sans céder aux dérives de la mode et de la facilité, et par exemple, n'est-ce pas Madame le Secrétaire perpétuel, sans donner dans le travers qui consiste à faire semblant de croire que la féminisation des mots est un accélérateur de parité. Or, n'ayant moi-même aucune prétention littéraire, tout en considérant que la langue française demeure le pilier majeur de notre identité, je demeure surprise et émerveillée que vous m'ayez conviée à partager votre combat.

À bien y réfléchir, cependant, depuis que vous m'avez invitée à vous rejoindre, moi que ne quitte pas la pensée de ma mère, jour après jour, deux tiers de siècle après sa disparition dans l'enfer de Bergen-Belsen, une semaine à peine avant la libération du camp, c'est bien celle de mon père, déporté lui aussi et disparu dans les pays Baltes, qui m'accompagne. L'architecte de talent qu'il fut, Grand Prix de Rome, révérait la langue française, et je n'évoque pas sans émotion le souvenir de ces repas de famille où, entre lui et moi, j'avais recours au dictionnaire pour départager nos divergences sur le sens et l'orthographe des mots. Bien entendu, c'est lui qui avait toujours raison. Plus encore que je ne le suis, il serait ébloui que sa fille vienne occuper ici le fauteuil de Racine. Cependant, vous m'avez comblée en me conviant à parcourir l'itinéraire de ce héros de notre temps que fut Pierre Messmer.

J'évoquais à l'instant la naissance de l'Académie. Dans sa monumentale *Histoire de France*, Jules Michelet la raconte ainsi : en 1636, une pièce de théâtre fait un triomphe à Paris. Œuvre d'un jeune avocat de Rouen, un certain Pierre Corneille, elle ne chante pas, comme l'exigeait la tradition de l'époque, les amours contrariées d'un dieu et d'une princesse antiques. La pièce exalte deux sujets que Richelieu a interdits de séjour, l'Espagne et le duel. Le cardinal est vite exaspéré par ceux qui ont pour Rodrigue les yeux de Chimène. Il prend cet engouement pour un affront et, à la cour et à la ville qui le défient, il veut opposer une assemblée du bon goût. Il sollicite ainsi les avis de Boisrobert, Conrart et quelques autres sur la pièce de Corneille. Vient ainsi de naître l'Académie française, c'est-à-dire, nous dit Michelet, une « société qui s'occupât de mots, jamais d'idées, et qui consacrât ses soins à polir notre langue ». Cette société fut-elle fidèle à la vocation que le cardinal de Richelieu lui avait assignée ? S'est-elle limitée aux seuls mots, à l'exclusion des idées ? Notre propos n'est pas d'en débattre. Observons seulement que ce sont des circonstances politiques, autant que littéraires, qui présidèrent à la création de votre Compagnie.

Au demeurant, si la première Académie est naturellement peuplée d'écrivains et de poètes, d'un historien évidemment, d'un grammairien, de scientifiques, elle s'enrichit aussi d'un militaire, d'un ambassadeur, de parlementaires, autrement dit d'hommes chargés d'administrer et de servir la chose publique. Est-ce parce qu'elle compte dès sa création des membres des Parlements de Paris, Bordeaux ou Rennes, ou qu'elle accueillit plus tard de grandes figures de notre histoire parlementaire, tels Édouard Herriot ou Edgar Faure, que l'Académie française emprunte beaucoup à la tradition parlementaire ?

En tout cas, au-delà même de la proximité, sur notre rive gauche de la Seine, du Palais Mazarin et du Palais-Bourbon, l'Académie française est solidement marquée par un compagnonnage entre l'esprit des lettres et l'esprit des lois, qui cheminent en France bras dessus bras dessous. Il n'est pour se convaincre de leur parenté que d'observer autour de soi quand on est, comme en cet instant, assis sous la Coupole. Vous formez une magnifique assemblée, même si vous préférez à ce mot celui de compagnie, qui vous renvoie au temps du théâtre et des mousquetaires. Vous siégez dans un amphithéâtre, comme il sied aux représentants du peuple, depuis la Révolution, encore que la place de chacun d'entre vous en ces lieux ne soit nullement fonction de ses idées politiques, comme c'est l'usage au Parlement. Au perchoir – mais ce mot a-t-il cours chez vous ? – se tient un président de séance, secrétaire perpétuel ou directeur en exercice. En séance ordinaire ou extraordinaire, des discours sont prononcés, toujours brillants, parfois animés, m'a-t-on dit. Bref on croise ici une procédure et un vocabulaire qui me sont familiers, et m'inclinent à penser que je me trouve bel et bien au cœur d'une assemblée, c'est-à-dire dans un lieu où se réunissent des hommes et des femmes qui considèrent que l'avis de plusieurs sera plus riche et mieux motivé que celui d'un seul. Au fil de ma vie, membre du gouvernement, j'ai fréquenté l'Assemblée nationale et le Sénat, puis appartenu au Parlement européen, que j'ai présidé. J'y ai apprécié ces occasions d'échanges, de débats, de controverses, où s'exprime, quand ils se déroulent dans une atmosphère respectueuse, le meilleur de l'esprit humain. Est-ce pour cette raison que je me sens à l'aise parmi vous ? Je vous remercie en tout cas de m'offrir cet enrichissement.

L'univers parlementaire que je viens d'évoquer, Pierre Messmer l'a longuement fréquenté, comme ministre, comme député de la Moselle, bien avant de s'asseoir parmi vous, mais lorsqu'il aborda le débat politique, a fortiori le débat académique, il était déjà nanti d'un exceptionnel vécu des heures les plus sombres, mais aussi les plus glorieuses, de notre histoire contemporaine. Né à Vincennes au creux de la Première Guerre mondiale, Pierre Messmer était lesté d'un patriotisme familial venu de l'Alsace-Lorraine, cette province qui fut longtemps la pomme de discorde entre la France et l'Allemagne. Étrange destin que celui de cette région frontalière, sans cesse disputée entre nos deux pays, devenue par la grâce d'une jeune fille de Domrémy, mystérieuse et pugnace, le symbole de la résistance à l'envahisseur. Jean Jaurès avait bien vu ce que cette province avait de symbolique. « Jeanne d'Arc regarde bien au-delà des champs de Lorraine », avait-il écrit. La croix de Lorraine, qu'accompagnera longtemps Pierre Messmer, était de cette essence-là.

Quittant sa terre après la défaite de 1870, le grand-père de Pierre Messmer s'était réfugié à Paris pour échapper à l'occupation prussienne. Son petit-fils, à travers une éducation rigoureuse, est formé par ses parents dans l'idée que, dans la vie, rien n'est acquis que par l'effort. Après de solides études secondaires, avide de vastes horizons, il accède à ce qui était encore l'École coloniale. Il en sort à temps, en 1937, pour revêtir l'uniforme, qu'il ne quittera qu'en

1945. Tandis qu'au seuil de la guerre, rien ne le distingue des jeunes officiers de sa génération, c'est en pleine débâcle, le 17 juin 1940, je dis bien le 17, et non le 18, qu'il entre sans préavis et de plain-pied dans l'Histoire. Ce jour-là, en effet, comme toute la France, écrasée par le désastre, éparpillée sur les routes, il entend le vieillard étoilé qui sollicite l'armistice. Je l'imagine, à la fin du repas qu'il partage avec quelques autres jeunes lieutenants, dans un village de l'Allier, écoutant, médusé, la radio qui diffuse l'allocution du maréchal Pétain. Et voilà qu'aussitôt, je dis bien aussitôt, il décide avec son camarade Jean Simon d'échapper à la spirale de la défaite pour gagner tout endroit « où le combat fait signe », comme dit la chanson. Ainsi, avant même l'appel que Charles de Gaulle lancera de Londres le lendemain, 18 juin, et que du reste ils n'entendront ni l'un ni l'autre, ils prennent le large, entrant dans l'illégalité avec un ordre de mission rédigé par leurs soins, et signé par Messmer du nom de Canrobert. Ainsi, à un maréchal qui renonce, le jeune homme oppose un autre maréchal, héros de la conquête de l'Algérie et de la guerre de Crimée. À moto d'abord, puis en auto-stop et finalement en train, les voici qui gagnent Marseille et, dans le désordre qui y règne, ayant abandonné leurs uniformes pour des vêtements civils, recherchent un embarquement pour l'Afrique du Nord ou, mieux, la Grande-Bretagne. Se battre est leur idée fixe.

La suite de cette équipée est connue. Leur quête croise le destin d'un cargo italien, le *Capo Olmo*, saisi à Marseille le jour de l'entrée en guerre de l'Italie, avec son chargement d'aluminium et de farine et qu'un officier de la marine marchande, le commandant Vuillemin, a mission d'acheminer à Oran. Le 23 juin, le *Capo Olmo* prend la mer au milieu d'un convoi. À la barre, Messmer. Ce Parisien, d'origine alsacienne, est breton d'adoption. Durant ses vacances à Saint-Gildas-de-Rhuys, village auquel il demeurera attaché toute sa vie, il a appris à naviguer sur le *Saint-Pierre*, un petit bateau en bois que son père a fait construire et lui a offert pour son bac. L'éducation maritime du jeune homme a été confiée à un vieux pêcheur, qui l'emmène en mer et en profite pour jeter les filets. C'est donc tout naturellement que Pierre Messmer barre le *Capo Olmo*. Dans sa poche, son pistolet est chargé. Sait-on jamais ? D'accord avec Messmer et Simon, au prétexte d'une avarie, le commandant Vuillemin annonce à l'équipage sa décision de quitter le convoi et de gagner Gibraltar. Voici Pierre Messmer à Gibraltar, en route vers la France libre, où nous le retrouverons.

Revenons quai de Conti. À l'instant de son élection à l'Académie française, le nouvel élu prend place parmi vous, mais il accède aussi à une généalogie prestigieuse, formée de ceux qui l'ont précédé. Il y a un sentiment étrange, je l'avoue, à s'asseoir dans un fauteuil en percevant autour de soi la présence de mânes bienveillants. Aucun de nos prédécesseurs ne ressemble à un autre. Chacun a eu ses mérites, en son temps. Certains noms des titulaires du treizième fauteuil sont ainsi parvenus jusqu'à nous, d'autres n'ont été connus que de leurs seuls contemporains. Est-ce injuste, est-ce mérité ? Racine, Crébillon, Feuillet, Loti, Claudel, Wladimir d'Ormesson et Maurice Schumann, telle est en tout cas, désormais, mon ascendance académique. Elle est prestigieuse, et me conforte dans l'idée que j'énonçais il y a un instant : un dramaturge, un romancier, un officier de marine, des ambassadeurs, un ministre, la diversité des talents est votre lot, et ce depuis toujours. De la marque indélébile des tragédies de Racine, fréquentées au temps de mon adolescence, un souvenir anecdotique se détache. Dans les classes terminales du lycée de Nice, Phèdre n'avait pas droit de cité, entourée qu'était la fille de Minos et de Pasiphaé d'un halo incestueux, et donc à l'époque regardée comme non fréquentable par des jeunes filles !

Les deux derniers titulaires du treizième fauteuil appartenaient à l'ordre prestigieux de la Libération, et l'esprit de la France libre semble planer sur ce fauteuil. Pierre Messmer et Maurice Schumann furent de ces quelques hommes qui entendirent leur nom prononcé par le chef de la France libre, accompagné de cette phrase : « Nous vous reconnaissons comme notre compagnon, pour la libération de la France, dans l'honneur et par la Victoire. » Pierre Messmer a reçu la croix de la Libération le 26 mai 1941. Plus tard, il sera chancelier de cet ordre voulu par le général de Gaulle, ordre prestigieux, limité dans ses effectifs et dans le temps. Il a également été chancelier de l'Institut, et des plus actifs et efficaces, m'avez-vous dit. En l'élisant parmi vous, vous aviez voulu apporter à ce jeune ordre de la Libération le prestige multiséculaire de votre institution, mais surtout signifier que la gloire des compagnons devait avoir place en ces murs, comme hier celle des héros de la Grande Guerre. Je me rappelle, au début du mois de juin 1944, alors que j'étais à Auschwitz, avoir ramassé un fragment de journal allemand relatant le débarquement en Normandie. La révélation de cet événement avait suscité en nous, mes camarades et moi, une immense espérance. Parmi ces troupes avaient débarqué des Français. Qu'il me soit permis, devant François Jacob, de rendre hommage à ceux qui incarnèrent alors l'honneur retrouvé et l'action en vue de la liberté.

En juillet 1940, le *Capo Olmo* est en Angleterre. Sa cargaison est vendue, apportant à la modeste France libre ses premiers revenus. Les héros de cette aventure sont présentés au général de Gaulle. Si Messmer et Simon ont entendu le 17 juin le maréchal Pétain, le 18 juin, sur leur moto, ils n'ont, je l'ai dit, entendu personne. Messmer se souvient pourtant d'avoir lu à Marseille, le surlendemain, un journal qui relatait l'appel d'un certain général de Gaulle – « orthographié avec un seul l », avait-il noté. Un mois plus tard, il était devant lui.

L'entrevue entre le général de Gaulle et Pierre Messmer est brève, sobre. Elle ne dure que quelques minutes. Commence pourtant ce jour-là un long compagnonnage, que les deux hommes ne soupçonnent pas. À Londres, de Gaulle ne se perd pas en compliments : en le rejoignant, ces jeunes Français ont-ils fait autre chose que leur devoir ? Peut-être secrètement impressionné par leur épopée, il leur octroie néanmoins une faveur et propose à Messmer et Simon de choisir leur affectation. Pour l'un et l'autre, la réponse est immédiate et identique : la Légion étrangère. Plus tard, Pierre Messmer s'expliquera sur ce choix, d'une voix qu'on imagine bourrue et amusée : « Pourquoi la Légion ? Parce que je voulais faire la guerre avec des gens sérieux. » De fait, en cet été 1940, les légionnaires présents sur le sol britannique sont les rares Français libres aux états de service dignes de ce nom : six mois plus tôt, la 13e demi-brigade de la Légion étrangère a battu les troupes allemandes à Narvik. Son chef de corps, le colonel Magrin-Verneret, dit Monclar, a choisi sa devise : « *More Majorum* » : « À l'exemple des anciens », à laquelle, toute sa vie, Pierre Messmer restera fidèle, comme il restera fidèle à cette institution singulière qu'est la Légion étrangère, que Lyautey appelait « ma plus chère troupe ». Le jour de sa réception parmi vous, il se présenta comme légionnaire et rendit hommage aux morts pour la France issus de ses rangs. En 2005 fut organisée ici même, sous cette coupole, une séance solennelle au cours de laquelle de jeunes légionnaires de la 13e demi-brigade lui rendirent les honneurs.

Vous étonnerai-je ? Je ne suis guère familière de ce monde. Mais au contact de Pierre Messmer, que vous avez provoqué en me désignant à sa succession, j'ai compris pourquoi cette troupe séduisait tant les écrivains. Blaise Cendrars, mais aussi Arthur Koestler ou Ernst Jünger s'y engagèrent. Cendrars avouait : « Être un homme et découvrir la solitude. Voilà ce que je dois à la Légion. » D'autres, comme Joseph Kessel, fascinés par cette troupe romanesque, ont brossé d'admirables portraits de légionnaires. Dans *L'Armée des ombres*, un personnage a cette formule : « Tu jouais encore aux billes que je commandais des hommes de la Légion. » Ces mots pourraient avoir été prononcés par Pierre Messmer à l'époque où il commandait à des vétérans de la campagne de France et de la bataille de Narvik, quand nombre de ses contemporains retrouvaient, dès l'automne 1940, le chemin du lycée ou de l'université.

Les légionnaires présents sous la Coupole en 2005 ne venaient pas d'Espagne ou d'Allemagne, comme ceux que le lieutenant Messmer avait eus sous ses ordres, mais plus probablement d'Ukraine, de Roumanie ou du Brésil. Pourtant, une commune envie de servir les animait. Avez-vous relevé cet après-midi-là leur fort accent, lorsqu'ils chantèrent ou récitèrent les vers graves et émouvants de la poésie légionnaire ? Ils étaient, à leur manière, les ambassadeurs de la langue française, ayant renoncé à leur passé, à leur nom peut-être, pour se couler dans un nouvel uniforme, apprendre une nouvelle langue, adopter un nouveau pays, épouser une nouvelle histoire. Ce renoncement à soi-même, c'est l'effort que la Légion étrangère demande à ceux qui la rejoignent. Au terme de cinq années de services « avec honneur et fidélité » – c'est la formule – un passeport leur est accordé. Pareil contrat moral passé entre la France et de jeunes étrangers doit être salué. Il honore une société désireuse de donner aux hommes une seconde chance. Le képi blanc qu'arborent les légionnaires symbolise d'ailleurs cette nouvelle vie. Chaque année, dans le défilé du 14 juillet, c'est à la Légion qu'est réservé le plus vif succès. Chacun sait le rôle prioritaire qui demeure le sien dans toute intervention armée sous nos couleurs.

Tout cela est éminemment romanesque ; il est donc naturel que soit exaltée en ces murs la mythologie légionnaire. J'ai évoqué plus haut des noms d'écrivains engagés sous le képi blanc. À l'inverse, nombre de légionnaires furent d'authentiques écrivains, parfois d'admirables poètes. Connaissez-vous Allan Seeger, un Américain mort en 1916 sur la Somme ? Je me contente de vous dire ces vers : « *I have a rendez-vous with death* », « J'ai rendez-vous avec la mort quand le printemps ramènera les beaux jours azurés. » Dans les sables de Bir Hakeim, le général Koenig se faisait lire des vers, alors qu'il tenait en ses mains le sort des trois mille sept cents soldats français retranchés, chargés de fixer les troupes du général Rommel. L'un de ces légionnaires se nommait Pierre Messmer. Il commande alors une compagnie, au sein de la 1re brigade française libre, et attend l'ennemi dans la chaleur et l'incertitude. Qui sont les hommes qui l'entourent ? Il faudrait évoquer les mémoires glorieuses du général Koenig, du colonel Amilakvari, du colonel de Sairigné. L'histoire de la Légion étrangère – et l'Histoire tout court – ont retenu leurs noms. Permettez-moi de citer d'autres soldats, dont la mémoire des hommes n'a rien su, mais qui furent, à n'en pas douter, présents dans le cœur de Pierre Messmer jusqu'à son dernier jour. Il dira d'eux qu'il ne pouvait rien en attendre, « hormis leur courage ». Empressons-nous d'ajouter que le courage ne leur fera jamais défaut. Je voudrais vous parler de l'adjudant Montbel, un ancien avocat au barreau de Paris, engagé à la Légion après le scandale Stavisky. Du lieutenant Svatkovski, un Russe blanc qui s'était battu pour le tsar, mais aussi en Chine et en Espagne ; le genre grand buveur et cœur romanesque. Du lieutenant Devé, un tempétueux syndicaliste qui avait servi en 14 puis rempilé en 40 à l'âge de cinquante ans. Je voudrais encore citer le légionnaire Mamuric, un ouvrier agricole croate qui sauva la vie du lieutenant Messmer en Érythrée, et le légionnaire Domínguez, un militant anarchiste espagnol qui refusait par principe tout galon. L'un de ces hommes, qui devait être un poète – et sûrement un philosophe –, luttait contre la soif du désert en suçant des cailloux. À chaque fois qu'il effectuait ce geste, il portait un toast imaginaire à Démosthène. Un avocat douteux, un anarchiste, des hommes irréguliers, pour reprendre la belle formule d'Étienne de Montety, telle était la troupe à qui le destin avait confié, sinon le sort de l'Europe, du moins l'honneur de la France en armes. À Mamuric, Messmer demanda un jour pourquoi il se battait. La réponse fut immédiate : « Pour la liberté, mon capitaine. »

Après un long périple qui, de l'automne 1940 à la fin de 1941, conduit la 13ᵉ demi-brigade d'abord en Afrique noire, puis en Érythrée et en Syrie, participant à tous les combats, voici donc l'unité de Pierre Messmer enterrée, au début de 1942, dans les sables de Bir Hakeim. Je crois bien que Pierre Messmer y est heureux. Quelques années plus tôt, il a choisi la voie d'administrateur de la France d'outre-mer pour connaître le rêve de René Caillié en Mauritanie et au Mali, celui de Charles de Foucauld dans le Sud saharien. C'est d'ailleurs les écrits de ce dernier qu'il a emportés dans sa cantine à Bir Hakeim. On se demande souvent quel livre on emporterait sur une île, jamais quel livre on emporterait en plein désert. Pierre Messmer a choisi sa bibliothèque du désert : Pascal, Péguy, Psichari. Ces lectures lui inspirent alors des considérations sur la vie qu'il mène depuis plusieurs mois : « La guerre dans le désert est particulière, écrit-il, dure et belle. Les malheurs de la guerre ne frappent que les guerriers. C'est pourquoi la guerre du désert, si dure aux corps, ne salit pas les âmes. »

La bataille de Bir Hakeim appartient désormais aux manuels d'histoire, comme Austerlitz ou la Marne. Elle s'est déroulée du 15 février au 10 juin 1942. À Kœnig, Rommel a envoyé par trois fois des émissaires lui enjoignant de se rendre. Par trois fois, Kœnig les a éconduits. Les Français, ancrés dans le sable, protégés par des champs de mines et des armes antichars, s'apprêtent à soutenir un siège contre une armée bien supérieure en nombre. Je laisse la parole à un témoin de la bataille : « Notre calvaire commença une nuit de pleine lune, en mai, quand retentirent des tirs d'armes lourdes, juste avant l'aube. Au nord le ciel flamba brusquement et on entendit des salves sporadiques et des explosions. » Ces lignes sont signées de l'adjudant Travers, Susan Travers. Oui, vous avez bien entendu : Susan Travers, légionnaire matricule 22166. Une femme à la Légion étrangère ? Vous le savez mieux que quiconque, il arrive que des institutions soient créées et vivent longtemps, composées exclusivement d'hommes. Un jour une femme survient, et le visage de cette institution s'en trouve subitement modifié. C'est ce qui est arrivé à la Légion, quand Susan Travers, jeune Britannique engagée dans la France libre, devint chauffeur du général Kœnig. Elle endura elle aussi le terrible siège de Bir Hakeim et se distingua au volant d'une Ford, lors de la mémorable sortie qu'effectuèrent les Français pour échapper à l'encerclement dans la nuit du 10 juin 1942.

La compagnie Messmer est spécialement éprouvée. Le dernier jour, elle est encore aux avant-postes, chargée d'effectuer une contre-attaque au nord du dispositif. En quelques heures, elle perd la moitié de ses effectifs. Cette nuit-là, le général Kœnig décide que les Français tenteront une sortie, mais il oublie d'en informer son subordonné. À minuit, Kœnig et Amilakvari s'élancent, juchés sur le véhicule de l'adjudant Travers. Ce que voyant, Messmer comprend. Il se met alors en route précipitamment, à la tête de ses quarante légionnaires. D'incident en incident, il court toute la nuit. À l'aube sa compagnie rallie le point de rassemblement avec une colonne de secours anglaise. Pierre Messmer est indemne, mais les pertes sont lourdes. Mort, le capitaine de La Maze, qui fut son chef d'escadron. Mort, le lieutenant Devé. Morts aussi, Mamuric et Domínguez, qui luttaient pour la liberté. Sur les trois mille sept cents français de Bir Hakeim, mille cinq cents y laisseront la vie. Quelques heures plus tôt, à un officier qui lui disait : « Cette nuit, mon père, vous allez avoir à donner beaucoup d'absolutions », l'aumônier avait répondu : « Ce soir, tous les morts vont au Paradis. »

Pierre Messmer est encore en première ligne dans une autre bataille du désert, El Alamein. Chargé de prendre le massif de l'Himeimat, il parvient au sommet, sans liaison radio, tient quelques heures avant d'être obligé de décrocher. Une nouvelle fois, les pertes sont lourdes pour les Français libres. Un de ses adjoints, le sous-officier Lacroix, qui l'année d'avant, en Érythrée, avait tardé à agir, se comporte en héros durant l'assaut : blessé durant la retraite, il se fait sauter avec une grenade, en lançant au légionnaire qui l'accompagne un mot digne des Spartiates aux Thermopyles : « Va dire au capitaine que l'adjudant-chef Lacroix a fait aujourd'hui ce qu'il aurait dû faire à Keren l'année dernière. »

Le 18 juin 1942, au Royal Albert Hall de Londres, le général de Gaulle prononce un discours. Fidèle à son amour des lettres, il cite Chamfort : « Les raisonnables ont duré. Les passionnés ont vécu. » « Pendant ces deux années, affirme le chef de la France libre, nous avons beaucoup vécu, car nous sommes des passionnés. Mais aussi nous avons duré. Ah, que nous sommes raisonnables ! » Passionné et raisonnable, tel apparaît Pierre Messmer tout au long de sa vie.

On se souvient qu'il avait choisi l'administration de la France d'outre-mer. Depuis sa petite enfance, il aime administrer. À Saint-Gildas, il organise des jeux pour ses contemporains. À Paris, l'adolescent s'implique dans un patronage de quartier. Pourquoi la France d'outre-mer ? Comme nombre de jeunes gens de sa génération, il croit à une France riche de valeurs qu'elle a le devoir d'apporter aux populations du monde entier. Il aime ces peuples si différents de lui, savoure le sentiment infini de la liberté à des milliers de kilomètres de sa terre natale.

À la fin de la guerre, Pierre Messmer réintègre son corps d'origine, qui entre-temps, courant derrière l'évolution du monde, n'est plus le ministère des Colonies, mais celui de la France d'outre-mer, intitulé qui lui-même se révélera très vite obsolète. Après quelques épisodes hauts en couleur, en forme de va-et-vient avec le Vietnam, au début de ce qui va être la guerre d'Indochine, épisodes marqués notamment, s'il vous plaît, par une capture par le Vietminh, suivie évidemment d'une évasion. Il est alors nommé dans l'Adrar en Mauritanie, puis en Côte-d'Ivoire, et enfin affecté au Cameroun, qu'il avait brièvement traversé à l'automne 1940 avec les troupes de la France libre. À chacune de ces affectations, il met en œuvre ses dons d'organisateur, s'appuyant sur les hommes, dont certains deviendront ses amis. Au premier rang de ceux-ci, Félix Houphouët-Boigny, dont Pierre Messmer, dans ses Mémoires, a dressé un portrait chaleureux.

Sur l'immémorial continent noir, l'histoire semble se mettre en marche. Durant la période 1940-1945, le regard des Africains a changé. Devenu directeur de cabinet de Gaston Defferre, Pierre Messmer conçoit en quelques mois une importante loi-cadre destinée à associer les Africains à l'exercice du pouvoir exécutif. En 1958, Pierre Messmer reçoit le général de Gaulle, à peine revenu au pouvoir, et l'accompagne dans sa tournée en Afrique occidentale. En Guinée, un jeune dirigeant local, Sékou Touré, prononce à l'encontre de la France un véhément réquisitoire. De Gaulle repart furieux. Pour le vieil Africain qu'est désormais Pierre Messmer, c'est la fin d'un cycle historique. Le temps où les cartes scolaires Vidal de La Blache affichaient en rose les pays sous influence française a vécu. En cette fin des années cinquante, l'Afrique aspire à prendre en main son destin. Il faut l'accepter avec sagesse. Pourtant, cette réalité a certainement des accents douloureux pour Pierre Messmer. C'est au lecteur de Lawrence et de Psichari, à l'amoureux du désert qu'il revient de mener ces pays à l'indépendance. Il s'acquittera de cette mission avec abnégation, faisant taire en lui la voix de l'affectif, du romantisme, de l'émotion. Il n'en a pourtant pas fini avec l'Afrique.

Au lendemain des « barricades d'Alger », le général de Gaulle, décidé à régler le conflit qui fait rage en Algérie, l'appelle en effet au gouvernement comme ministre des Armées. L'ancien commandant de compagnie à la Légion étrangère effectue à ce moment une période d'officier de réserve. Nous sommes en février 1960. En quelques heures, le colonel Messmer quitte la Kabylie et le 8e régiment parachutiste d'infanterie de marine et troque le treillis léopard pour le costume cravate. Le voici à l'Élysée. L'analyse de De Gaulle est simple : l'Algérie est en guerre et, pour faire la guerre, il faut un soldat. Il en tient un – et de la plus belle allure – en la personne de Pierre Messmer. Le Général choisit son ministre comme il choisirait son chef d'état-major. Il prend le plus compétent, sans aucun souci d'équilibre politique. Selon l'article 15 de la nouvelle Constitution, le Président est le chef des armées. Il l'est à plus forte raison quand il est lui-même un ancien officier d'active, doté d'un caractère en acier.

Il faudrait entrer plus avant dans l'intimité de la relation qui lia l'ancien chef de la France libre et son ministre. Une relation faite d'admiration réciproque, d'estime mutuelle, d'appartenance commune à une confrérie, celle des Compagnons de la Libération, mais aussi de respect hiérarchique. Ce lien à toute épreuve, une anecdote l'illustre, rapportée par votre confrère Alain Peyrefitte dans son irremplaçable *C'était de Gaulle* : lors d'un Conseil des ministres, le président de la République, qui s'apprête à se rendre en visite officielle au Mexique, précise que ce pays souhaiterait que la France lui restitue trois drapeaux. Le chef de l'État commente : « Je n'aime pas rendre des trophées que notre armée a arrachés au combat. Vous voyez de Gaulle arriver avec des drapeaux dans ses valises ? » Et Messmer donc : ces drapeaux, c'est sa chère Légion étrangère qui les a conquis, en 1863, signant là ses premiers faits d'armes. Une nouvelle fois, Messmer fait taire ses sentiments, ne cherchant que le sens de l'État et le service du chef. Il envoie discrètement un officier à Mexico pour rendre les drapeaux, facilitant ainsi le voyage du chef de l'État en Amérique centrale.

On s'en souvient, les deux hommes s'étaient rencontrés pour la première fois en juillet 1940 à Londres. Après leur longue coexistence des années soixante, ils se reverront, pour la dernière fois, en juillet 1969. Pierre Messmer a raconté la visite à Colombey, le rituel immuable du déjeuner, de la promenade sous les arbres du parc, le Général prenant ensuite congé de lui avant de s'asseoir devant son poste de télévision : ce jour-là, un vaisseau spatial s'apprête à poser un homme sur la Lune. Du *Capo Olmo* à Apollo, que de progrès techniques, que d'événements. Ce soir-là, Messmer prend la mesure du temps qui a passé, aux côtés de son chef.

Au gouvernement, il côtoie une autre figure indissociable de la geste gaullienne, André Malraux. Il n'y a pas plus dissemblables que les deux hommes. D'un côté, le soldat courageux de Bir Hakeim, sobre autant dans sa mise que dans son expression, qui déclarait un jour à votre confrère Maurice Druon, en une formule toute militaire : « Je n'aime pas les coups d'encensoir, ça fait mal à la tête. » De l'autre, l'écrivain fantasque, imaginatif, ayant servi dans la Résistance et largement rêvé celle-ci. André Malraux est l'un de ceux qui ont fait entrer la France libre dans la littérature. Supériorité du verbe sur l'action ? Les hommes d'action n'ont pas besoin de parler, puisqu'ils agissent. Quand il évoque la guerre, Pierre Messmer n'est pas bavard, ou alors il s'en tient à des anecdotes, pour distraire son auditoire.

Pierre Messmer se souvenait aussi des combattants de la libération de Paris. Il conservait dans son cœur le mot du poète : « Défense de déposer du sublime dans l'histoire ». Il s'en garda bien, estimant que la geste de la France libre se suffisait à elle-même. Ses Mémoires précis et rigoureux, ses récits intitulés

« Les Blancs s'en vont » ou « La patrouille perdue » sont captivants, fourmillant d'observations, de remarques narquoises. Mais ils attestent le souci de l'auteur de témoigner plutôt que d'exalter.

Nommé ministre des Armées, Pierre Messmer se retrouve chargé du sort de plus d'un million de Français sous l'uniforme. En 1960, l'armée est dans une situation psychologique délicate. Certains officiers font la guerre depuis 1940, ayant successivement combattu en Europe, puis en Indochine et enfin en Algérie. Depuis quinze ans, ils naviguent loin de la métropole dans d'âpres combats, entrelacés de considérations politiques sinon idéologiques. Beaucoup ne se sentent ni compris, ni aimés, ni soutenus par leurs compatriotes. En Algérie, l'enchaînement des événements depuis ce funeste 1er novembre 1954, qui a vu mourir sur la route de Biskra à Arris un couple de jeunes instituteurs, les Monnerot, ainsi que le caïd de M'Chounèche, Hadj Sadok, a conduit nos soldats à effectuer tous les métiers : policiers, maîtres d'école, assistantes sociales, officiers d'état civil, administrateurs. C'est beaucoup, trop, disent certains. Contre la « rébellion », l'armée a remporté d'incontestables succès militaires, mais les victoires des centurions ne suffisent pas à régler la crise algérienne qui a déjà emporté la IVe République. Il y a autre chose de plus profond qui se joue, et qui, dans l'histoire de France, dépasse la simple aventure coloniale. Sinon, comment expliquer les déchirements d'un Albert Camus, écartelé entre l'émancipation et l'amour de sa terre, entre la réforme nécessaire pour améliorer le sort des populations d'Algérie et ses souvenirs d'enfant de Belcourt, entre l'exil et ses émerveillements devant les matins de Tipaza ? Pourtant, il faut agir. Le général de Gaulle a été ramené au pouvoir pour régler cette crise, personne n'en disconvient. Comment ? Chacun a son avis. L'Algérie est le principal dossier du ministre des Armées. Il y passe quatre à cinq jours par mois, visitant les états-majors, les unités, les postes, répondant aux inquiétudes des officiers. Lors de la fameuse « tournée des popotes », il accompagne le général de Gaulle.

En avril 1961, il est au Maroc, pour assister, aux côtés du jeune roi Hassan II, au transfert des cendres du maréchal Lyautey vers le sol français. On ne pourrait imaginer circonstance plus significative : une cérémonie à la mémoire d'un des plus forts symboles de la présence française en Afrique du Nord. Lyautey, qui fut membre de votre compagnie, croyait passionnément à la grandeur civilisatrice du rôle de la France au-delà des mers, et, dans le même mouvement, pressentait que les temps conduiraient à changer le rapport de subordination entre la métropole et les peuples sous sa tutelle. Le retour de sa dépouille à cette date sonne comme un glas. À Rabat, le ministre des Armées est informé que quatre généraux – le fameux « quarteron », comme le qualifie aussitôt le Général, avec sa prodigieuse capacité à susciter le pouvoir des mots – soutenus par quelques unités, se soulèvent ouvertement contre l'autorité de la République. Le 1er régiment étranger de parachutistes investit Alger. Ce régiment, Pierre Messmer le connaît bien : c'est l'unité la plus prestigieuse de l'armée. Quelque temps plus tôt, il l'a visité sur le terrain, allant de compagnie en compagnie, écoutant les états d'âme des officiers, recueillant leurs doléances. À chacun, il a rappelé les consignes : faire la guerre, pas davantage. La politique doit rester l'affaire des politiques.

À l'annonce d'un événement qui pourrait dégénérer en guerre civile, Pierre Messmer n'a pas pu ne pas se souvenir de ces journées de 1941, en Syrie où lui et ses hommes se trouvèrent face aux légionnaires du 6e régiment étranger d'infanterie fidèle à Vichy, sous le commandement du général Dentz. Cet affrontement fratricide, la Légion a voulu l'oublier. Il a d'ailleurs été décidé qu'aucune citation, aucune décoration ne serait décernée pour cette campagne, signe de l'embarras qu'ont éprouvé les protagonistes. Le lieutenant Messmer avait vécu l'épisode dans la douleur, les larmes même, avoue-t-il, lui pourtant si pudique.

L'histoire du putsch d'Alger est connue : c'est un coup d'État, un mélange de force et d'improvisation. Rapidement le 1er REP tient la ville ; mais après ? Le général de Gaulle prend la parole à la télévision et à la radio pour condamner une aventure où le désespoir a sa part. L'armée, dans son immense majorité, ne bouge pas, à l'instar des appelés qui demeurent dans leurs casernes. En trois jours, la sédition est à bout de souffle. Sitôt le putsch en échec, Pierre Messmer offre sa démission, parce qu'il considère qu'il a manqué à son devoir. Le président de la République la refuse. Pourtant, il ne décolère pas. Des officiers se sont dressés contre la légalité républicaine, ont entraîné dans cette désobéissance des soldats notamment étrangers. Devant son ministre impavide, le regardant droit dans les yeux, il prononce ces mots terribles : « Il faudra dissoudre la Légion étrangère. » Comment ne pas imaginer les images qui surgissent dans la tête de Messmer ? Son arrivée à Morval Camp en 1940 où il fit la connaissance de la 13e demi-brigade. La noble figure du colonel Monclar. Les visages des braves Mamuric et Domínguez. Pierre Messmer serait donc l'homme qui bifferait d'un trait de plume le paraphe de Louis-Philippe créant la Légion étrangère, effacerait les grandes heures du Mexique, de la Crimée, de la Somme, de l'Indochine ? Pour la première fois, peut-être la seule, l'officier, célèbre pour son mutisme, le ministre, choisi pour sa solidité morale, se cabre : « Je ne le ferai pas, parce que je ne peux pas le faire. Pour moi c'est une question d'honneur. » De Gaulle n'insiste pas. Il décide la dissolution du seul régiment putschiste et épargne les autres.

Je n'évoque pas cette phase de la vie de Pierre Messmer sans difficulté ni sans prudence. La gravité des événements et leur extrême complexité nécessitent qu'on aborde cette époque avec tact. Il serait malvenu de juger du haut de notre chaire, nous qui bénéficions aujourd'hui du recul et de la sérénité.

Mais il faut rappeler que ce fut un temps où l'on vit les dirigeants d'une grande démocratie intervenir dans le déroulement de la justice, dicter la composition du haut tribunal militaire chargé de juger les conjurés, convoquer le procureur pour lui inspirer les conclusions de son réquisitoire, tenter de peser sur le verdict. Jusqu'à la fin de sa vie, Pierre Messmer assumera publiquement cette attitude, fustigeant la désobéissance au chef de l'État, rappelant sans cesse la nécessité absolue du respect de la légalité républicaine. En privé, il se révélera plus nuancé et, à la fin de sa vie, entreprendra des démarches discrètes pour rencontrer le commandant Denoix de Saint Marc, l'homme qui commandait le 1er REP lors du putsch d'Alger. Quelque quarante ans après les faits, Pierre Messmer estimera venu le temps de la « paix des braves ».

Mesdames et Messieurs, on ne peut non plus évoquer ces temps de malheur sans aborder un douloureux dossier. Ancien magistrat, m'étant beaucoup investie pour améliorer la condition des prisonniers du FLN en Algérie et en métropole, je n'en suis que plus à l'aise pour aborder une autre page tragique de notre histoire. En Algérie, des musulmans avaient accepté de servir dans l'armée française. On les appelait les « moghaznis », ou plus communément les « harkis ». Leur effectif s'éleva à quatre-vingt-dix mille hommes et leurs familles. Les accords d'Évian stipulaient qu'aucun Algérien ne serait inquiété pour ses engagements passés, notamment dans l'armée française. Les autorités françaises voulurent croire à ce traité et mirent tout en œuvre pour qu'il fût respecté. Pour nombre d'officiers français, ce fut un déchirement d'abandonner à leur sort des hommes qui avaient partagé leurs combats. Certains décidèrent leur rapatriement en métropole. Après y avoir un temps consenti, et ouvert des camps d'hébergement, les autorités françaises publièrent des instructions très strictes mettant fin au rapatriement. La plupart des harkis durent ainsi rester en Algérie, en butte à l'opprobre et souvent à d'horribles représailles. Quel fut le nombre de victimes ? Les historiens s'opposent encore sur ces chiffres. La tragédie de ces familles entières abandonnées laisse en tout cas une tache indélébile sur notre histoire contemporaine.

Une nouvelle fois, Pierre Messmer se plia à la rigueur d'État, au devoir d'obéissance. Plus secrètement, il souffrit de ce drame, évoquant même dans des entretiens ultérieurs avec Philippe de Saint-Robert une situation de « non-assistance à personne en danger ». Plus que quiconque à l'époque, il eut le redoutable devoir d'incarner l'autorité de l'État. La littérature nous a familiarisés avec la figure héroïque d'Antigone opposée à celle, plus austère, de Créon. L'émotion, l'idéalisme, la piété filiale, poussent à soutenir le combat de la fille d'Œdipe, plutôt que les sévères principes du roi de Thèbes. Antigone est de notre temps, et celui-ci vomit Créon. Mais Créon est-il si détestable ? Écoutons-le dans la pièce de Sophocle : « Si quelque criminel fait violence aux lois ou se met dans la tête de donner des ordres à ses chefs, il n'aura jamais mon aveu. C'est celui que la ville a placé à sa tête à qui l'on doit obéissance, et dans les plus petites choses et dans ce qui est juste, et dans ce qui ne l'est pas. » Oui, vraiment est-il si détestable, celui qui exige le respect des lois de la Cité, quel qu'en soit le prix ?

Un devoir parfois ingrat incombe à l'homme politique. Quand il accepte un mandat ou une mission, sa personne et ses sentiments doivent s'effacer. Il se doit de définir et d'appliquer la politique la plus conforme à l'intérêt général. Une part de la grandeur de ce métier est là. Cela s'appelle le courage. Il ne faudrait pas réduire le texte de Sophocle à un éloge inconvenant du cynisme en politique. Il est un plaidoyer pour la responsabilité. Un homme politique ne doit pas chercher à plaire, mais à agir. Pierre Messmer fut ce ministre inflexible, en des circonstances qui exigeaient l'inflexibilité. Des états d'âme, des scrupules, des déchirements, il en eut certainement. Mais il les garda par-devers lui. On peut être en désaccord avec les choix politiques qui furent les siens, désapprouver sa fidélité au général de Gaulle. Il est impossible d'en contester la dignité, qui est celle du serviteur de l'État.

On pouvait penser que Pierre Messmer avait accepté d'entrer en politique auprès d'un homme exceptionnel, dans des circonstances qui ne l'étaient pas moins, et qu'il se serait retiré sitôt réglé le conflit algérien, ou sitôt parti le général de Gaulle. C'eût été négliger le sens de l'intérêt général qui l'animait.

Après l'Algérie et ses traumatismes, il lui faudra conduire la réforme de l'armée française. Il œuvrera pour ajuster ses effectifs aux exigences du temps de paix. Il lui fera également prendre le grand tournant nucléaire. Et en mai 1968, lorsque Pierre Messmer s'opposera résolument au ministre de l'Intérieur, qui insiste pour envoyer la troupe contre les jeunes manifestants, c'est en songeant à l'Algérie et à ses erreurs qu'il refusera.

Après le départ du Général et l'élection de Georges Pompidou, Pierre Messmer observe, pendant deux ans, une sorte de retraite endeuillée dont le nouveau président de la République le tire en le priant d'abord d'accepter le portefeuille de l'Outre-mer, puis, après la rupture avec Jacques Chaban-Delmas, la charge de Premier ministre. Pourquoi lui ? Les politologues se sont interrogés sur ce choix. D'autres personnalités de l'époque pouvaient prétendre à l'hôtel Matignon. Pierre Messmer y accède avec une image de sérieux, de rigueur et d'intégrité. Un an plus tard, c'est à lui que revient le mérite de la victoire aux élections législatives de 1973. Dans un contexte difficile, le soldat remporte cette nouvelle bataille. À la veille du premier choc pétrolier, il prend des mesures décisives pour assurer à la France son indépendance énergétique, grâce à un ambitieux plan de développement électro-nucléaire. En toutes choses, il reste fidèle aux préceptes du Général, qui requiert un « État pionnier » et non un « État suiveur ».

Pierre Messmer agit avec résolution, mais sans agitation. Il ne se départit pas de son calme légendaire, marmoréen. Georges Pompidou s'étonne de l'équanimité de son Premier ministre, ce révolté de 1940. Comme si le fait d'avoir pris des risques inconsidérés dans sa jeunesse le prémunissait contre les politiques aventureuses dans son âge mûr. Cette sagesse, cette indifférence au qu'en-dira-t-on, à la loi des médias, ne vont pas sans un réel courage, politique celui-là, mais pas si éloigné de celui dont Messmer avait fait montre dans les sables de Libye.

C'est à Pierre Messmer qu'il revient de conduire le pays aux côtés d'un président de la République dont l'état de santé est de plus en plus préoccupant. J'ai eu moi-même, à cette époque, l'occasion d'approcher Georges Pompidou, d'apprécier sa courtoisie, sa culture, aussi étendue dans le domaine de l'art contemporain que dans celui de la littérature classique. Relisant son *Anthologie de la poésie française*, comment ne pas être frappé par la tristesse qui se dégage des dernières pages ? Les vers choisis, qu'ils soient de Chénier, Baudelaire ou Éluard évoquent tous la même échéance...

« Ô mort ! Vieux capitaine ! Il est temps ! Levons l'ancre !

Ce pays nous ennuie, Ô mort appareillons ! »

Le Président se trouve atteint d'une forme rare de leucémie, la maladie de Waldenström. Face à la traque médiatique d'un homme malade, Pierre Messmer agit habilement, non seulement pour assurer la conduite de l'État, mais aussi pour protéger le Président des pressions, des supputations, des prédictions. Une nouvelle fois, il s'acquitte de sa mission de bouclier.

Lorsque Georges Pompidou meurt dans l'exercice de ses fonctions, le voici en première ligne. Que faire ? Des appétits se font aussitôt jour. Pierre Messmer réfléchit, poussé par les uns, dissuadé par les autres. Un spectre le hante, celui de la division. Pour lui, sa candidature à la succession, à laquelle, en qualité de Premier ministre, il peut légitimement prétendre, ne se conçoit que dans l'unité. Les gaullistes offriront-ils le spectacle de deux Compagnons de la Libération s'affrontant pour la magistrature suprême ? Pierre Messmer s'y refuse. Il n'ira pas. La suite est connue. En mai 1974, les Français élisent un nouveau président de la République. Une nouvelle ère s'ouvre. Sa décision, Pierre Messmer l'a expliquée avec simplicité et humilité. Je le cite : « Depuis le début de ma vie active, j'avais toujours eu conscience de dominer ma fonction, grande ou petite, donc d'être capable de l'assumer au mieux, ce qui me donnait assurance et autorité. Pour la première fois, je n'étais plus sûr de moi et je devais me poser la question : serais-je capable d'être président de la République ? La réponse n'était pas évidente. »

Il y a plusieurs façons de considérer la politique. Pour Pierre Messmer, elle n'était pas une ambition, mais un service. Une carrière, pensait-il, ne s'interrompt pas à la suite d'une défaite électorale, mais quand l'intéressé estime que sa mission est accomplie. Des hommes politiques, au premier rang desquels le général de Gaulle, sont entrés dans l'Histoire par cet acte fondateur qu'est la rébellion. Pierre Messmer n'a jamais démissionné, mais il a montré que la mesure et le renoncement personnel peuvent aussi être l'expression du courage. Il songeait à l'intérêt du pays avant de penser au sien. Je n'évoque que pour mémoire les éminents services qu'il a rendus à l'Institut, et que chacun de vous a pu apprécier. Ce que, peut-être, vous avez moins perçu, c'est la valeur inestimable de la bibliothèque que ce lecteur impénitent a léguée, dans une absolue discrétion, à sa ville de Sarrebourg. Là comme ailleurs, il nous laisse un héritage à méditer et à saluer.

Mesdames et Messieurs,

Dans cette enceinte vouée à la défense et au rayonnement de la France, qu'il me soit permis d'évoquer une ambition à laquelle j'ai voué une partie de ma vie : l'Europe. Elle a été l'horizon qu'au lendemain de la guerre quelques pères fondateurs se sont fixé pour remiser à jamais les guerres fratricides. Ce projet, Pierre Messmer l'avait vu naître et l'a accompagné comme ministre, loyalement mais prudemment. Il a accueilli avec scepticisme certaines avancées de la construction européenne, et notamment la création de la monnaie unique. Les traités successifs de Maastricht, de Nice et de Lisbonne l'ont conduit à s'interroger sur le processus en cours. Son histoire personnelle le rattachait à la nation, et le cadre supranational ne lui était pas spontanément familier. Pourtant, lorsqu'en 2003 votre Académie fut consultée sur le projet de Constitution européenne, dans l'élaboration duquel votre confrère Valéry Giscard d'Estaing a joué un rôle éminent, Pierre Messmer s'y consacra avec le sens des responsabilités qu'on lui connaît.

Cette aventure européenne fut et demeure le grand défi de la génération à laquelle j'appartiens. Emmanuel Berl disait que l'Europe devait être tout à la fois une communauté de désirs et de doctrines. Peut-être Pierre Messmer estimait-il que les doctrines affadissent par trop le désir ? Ce défi lancé aux vieilles nations, je l'ai accueilli et accompagné avec plus d'optimisme que Pierre Messmer. Et l'ancienne présidente du Parlement européen que je suis est heureuse de devenir aujourd'hui, dans cette enceinte, l'un des porte-parole de cette idée européenne qu'illustre depuis ses origines l'Académie. Ne sommes-nous pas en train de discourir dans un lieu appelé Collège des Quatre Nations, appellation qui dit bien sa vocation à l'ouverture ?

Les pères de l'Europe ont voulu construire une réalité à partir du rêve d'un homme dont la voix a retenti nombre de fois sous cette coupole. J'ai nommé Victor Hugo. En 1841, fraîchement élu à l'Académie, il se consacre à la rédaction d'un texte sur le Rhin, où il ébauche le projet d'une union européenne fondée sur ce qu'il est convenu aujourd'hui de nommer le couple franco-allemand. Il écrit : « La France et l'Allemagne sont essentiellement l'Europe. L'Allemagne est le cœur, la France est la tête. Le sentiment et la pensée, c'est tout l'homme civilisé. Il y a entre les deux peuples connexion intime, consanguinité incontestable. Ils sortent des mêmes sources ; ils ont lutté ensemble contre les Romains ; ils sont frères dans le passé, frères dans le présent, frères dans l'avenir. »

Fraternité et avenir, sous l'égide de ces beaux mots, qui ont naturellement cours chez vous, je suis fière d'être reçue par votre compagnie.

« Vous êtes du côté des femmes »

Réponse de Jean d'Ormesson

18 mars 2010

C'est une joie, Madame, et un honneur de vous accueillir, en présence du Président de la République, dans cette vieille maison où vous allez occuper le treizième fauteuil qui fut celui de Racine.
De Racine, Madame ! De Racine !...
Ce qui flotte ce soir autour de nous, ce sont les plaintes de Bérénice :

Je n'écoute plus rien ; et, pour jamais, adieu...
Pour jamais ! Ah ! Seigneur, songez-vous en vous-même
Combien ce mot cruel est affreux quand on aime ?
Dans un mois, dans un an, comment souffrirons-nous,
Seigneur, que tant de mers me séparent de vous ?
Que le jour recommence et que le jour finisse
Sans que jamais Titus puisse voir Bérénice...

ou l'immortel dialogue entre Phèdre et sa nourrice Œnone :

Œnone
Quel fruit recevront-ils de leurs vaines amours ?
Ils ne se verront plus.

Phèdre
Ils s'aimeront toujours.

Avec La Fontaine qui fut son contemporain, avec Ronsard, avec Hugo, avec Nerval, avec Baudelaire et Verlaine, avec Péguy, avec Apollinaire et Aragon, Racine est l'un de nos plus grands poètes. Et peut-être le plus grand de tous dès qu'il s'agit de la passion – et surtout de la passion malheureuse. Je suis chargé ici de vous expliquer en trois quarts d'heure, Madame, pourquoi nous sommes heureux et fiers de vous voir lui succéder.

Je ne voudrais pas que le vertige vous prît ni que la tâche vous parût trop lourde. Vous succédez à Racine, c'est une affaire entendue. Vous succédez aussi à Méziriac, à Valincour, à La Faye, à l'abbé de Voisenon, à Dureau de La Malle, à Picard, à Arnault, tous titulaires passagers de votre treizième fauteuil, et qui n'ont pas laissé un nom éclatant dans l'histoire de la pensée et des lettres françaises. Ils constituent ce que Jules Renard, dans son irrésistible *Journal*, appelle « le commun des immortels ».

Depuis le cardinal de Richelieu, notre fondateur, l'Académie est faite de ces contrastes. Ce sont eux qui permettent à un autre de nos confrères, Paul Valéry, de décocher contre nous une de ses flèches les plus acérées : « L'Académie est composée des plus habiles des hommes sans talent et des plus naïfs des hommes de talent. »

Rassurez-vous, Madame. Ou, pour parler comme Racine :

Cessez de vous troubler, vous n'êtes point trahie.

Ce n'est ni pour votre naïveté ni pour votre habileté que nous vous avons élue. C'est pour bien d'autres raisons. Ne croyez pas trop vite que vous êtes tombée dans un piège.

Il est vrai que vous aviez le droit de le craindre. L'exercice rhétorique et traditionnel auquel nous nous livrons aujourd'hui vous et moi peut être redoutable. Quand Molé reçoit Alfred de Vigny, qu'il ne porte pas dans son cœur, il le traite avec tant de rudesse que l'auteur de « La mort du loup » en demeura longtemps meurtri. Plus près de nous, Albert de Mun, catholique rigoureux, reçoit Henri de Régnier dont les romans, à l'époque – les temps ont bien changé –, passaient pour sulfureux. Dans sa réponse au remerciement d'Henri de Régnier, Albert de Mun lui lance, ici même : « Je vous ai lu, Monsieur, je vous ai même lu jusqu'au bout. Car je suis capitaine de cuirassiers. » Henri de Régnier encaissa le coup comme Vigny, mais des témoins assurent qu'à la sortie, là-haut, derrière nous, il aurait lâché entre ses dents : « Je le rattraperai au Père-Lachaise. »

Vous n'avez pas à redouter aujourd'hui, Madame, des avanies à la Molé ou à l'Albert de Mun. De toutes les figures de notre époque, vous êtes l'une de celles que préfèrent les Français. Les seuls sentiments que vous pouvez inspirer et à eux et à nous sont l'admiration et l'affection. Je voudrais essayer de montrer pourquoi et comment vous incarnez avec plus d'éclat que personne les temps où nous avons vécu, où le Mal s'est déchaîné comme peut-être jamais tout au long de l'histoire et où quelques-uns, comme vous, ont lutté contre lui avec détermination et courage et illustré les principes, qui ne nous sont pas tout à fait étrangers, monsieur le Président de la République, de liberté, d'égalité et de fraternité.

L'histoire commence comme un conte de fées. Il était une fois, sous le soleil du Midi, à Nice, une famille sereine et unie à qui l'avenir promettait le bonheur et la paix. Le père est architecte, avec des ancêtres en Lorraine. La mère a quelque chose de Greta Garbo. Vous avez deux sœurs, Milou et Denise, et un frère, Jean. Vous êtes la petite dernière de cette famille Jacob qui est juive et très française, patriote et laïque. L'affaire Dreyfus avait à peine ébranlé son insouciance. On racontait chez vous que, lorsque l'innocence du capitaine Dreyfus avait été reconnue, votre grand-père avait débouché une bouteille de champagne et déclaré tranquillement : « Les descendants de 89 ne pouvaient pas se tromper. »

Alors que votre mère était plutôt de gauche, votre père était plutôt à droite. Il lisait un quotidien de droite, *L'Éclaireur*, et elle, *L'Œuvre*, *Marianne* ou *Le Petit Niçois*, de tendance socialiste.

Le plus frappant dans cette famille si républicaine et si française, c'est son caractère foncièrement laïque. Une de vos cousines italiennes, de passage chez vous, avait pris l'initiative de vous entraîner dans une synagogue. Votre père l'avait appris. Il prévint votre cousine qu'en cas de récidive elle ne serait plus reçue dans votre maison. L'épisode m'a rappelé une formule de mon ami le plus intime. Il se promenait un dimanche dans Paris avec son fils qui est devenu de nos jours un de nos acteurs et de nos créateurs les plus célèbres. Passant devant une église, le petit Édouard manifesta le désir d'y entrer. « Allons ! viens ! lui dit son père qui pensait à autre chose et qui était pressé, c'est fermé le dimanche. » Il y a des catholiques sincères qui sont franchement laïques. Vous étiez juifs et laïques. Vous mangiez une choucroute le jour de Kippour.

Votre père avait quitté Paris pour Nice parce qu'il pensait que la Côte d'Azur allait connaître un développement spectaculaire. Dès le début des années trente, la crise, venue d'Amérique, frappait votre famille comme elle frappait tous les Français et même l'Europe entière. Vous étiez obligés de vous restreindre, mais la vie continuait, toujours aussi gaie et charmante, entre Nice et La Ciotat où votre père avait construit une maison de vacances. Votre mère jouait au tennis avec un jeune homme brillant qui revenait d'un séjour à Berlin : c'était Raymond Aron.

Le 3 septembre 1939, la guerre éclatait. Le 10 mai 40, l'offensive allemande se déclenchait. Le 13 mai, Winston Churchill prononçait à la Chambre des communes un des discours les plus célèbres de l'histoire. « Je n'ai rien d'autre à offrir que du sang, de la sueur et des larmes. » Le paradis terrestre où vous aviez vécu s'engloutissait dans le passé.

Le 3 octobre 1940, le premier statut des juifs était édicté par Vichy. Votre père, très « ancien combattant », avait peine à admettre que le maréchal Pétain pût être responsable de ces honteuses dispositions. Il se vit pourtant retirer le droit d'exercer son métier. L'existence devenait difficile. Deux ans plus tard, les Alliés débarquaient en Afrique du Nord et l'armée allemande envahissait la zone libre. Nice et le sud-est de la France furent occupés par les Italiens qui adoptaient une attitude de tolérance à l'égard des juifs français. Au point que le Midi constitua pour un bref laps de temps un refuge pour les juifs. Nice vit ainsi sa population s'accroître, en quelques mois, de près de trente mille habitants. Mais, une autre année plus tard, les Italiens évacuaient la région. En septembre 1943, avant même les troupes allemandes qui prenaient le relais des troupes italiennes, la Gestapo débarquait à Nice avec Aloïs Brunner, déjà célèbre à Vienne, avant de diriger plus tard le camp de Drancy. Le crime se mettait en place.

Le 29 mars 1944, vous passez à Nice les épreuves du baccalauréat, avancées de trois mois par crainte d'un débarquement allié dans le Sud de la France. Le lendemain, 30 mars, en deux endroits différents, par un effroyable concours de circonstances, votre mère, votre sœur Milou, votre frère Jean et vous-même êtes arrêtés par les Allemands.

Huit jours plus tard, vous arrivez à Drancy où les conditions matérielles et morales sont déjà très dures. Vous ne savez plus rien de votre père ni de votre sœur Denise. Vous êtes très vite séparée de votre frère. Une semaine encore – le calendrier se déroule impitoyablement – et le 13 avril, à cinq heures du matin, en gare de Bobigny, vous montez avec votre mère et votre sœur dans un convoi de wagons à bestiaux en direction de l'Est. Le voyage dure trois jours – du 13 avril à l'aube au 15 avril au soir. Le 15 avril 1944, en pleine nuit, sous les cris des SS, les aboiements des chiens, les projecteurs aveuglants, vous débarquez sur la rampe d'accès du camp d'Auschwitz-Birkenau. Vous entrez en enfer. Vous avez seize ans, de longs cheveux noirs, des yeux verts et vous êtes belle.

Des déportés vous attendent sur la rampe de débarquement. Ils vous crient en français : « Laissez vos bagages dans les wagons, mettez-vous en file, avancez. » Tout à coup, une voix inconnue vous murmure à l'oreille :

– Quel âge as-tu ?

Vous répondez :

– Seize ans.

Un silence. Puis, tout bas et très vite :

– Dis que tu en as dix-huit.

La voix inconnue vous a sauvé la vie. Des enfants et des femmes âgées ou malades sont empilés dans des camions que vous n'avez jamais revus. Votre mère,

Milou et vous, vous vous retrouvez toutes les trois dans la bonne file – la « *bonne* » file ! –, entourées de kapos qui vous prennent vos sacs, vos montres, vos bijoux, vos alliances. Une amie de Nice, arrêtée avec vous, conservait sur elle un petit flacon de Lanvin. Sous les cheminées des crématoires d'où sort une fumée pestilentielle qui obscurcit le ciel, vous vous aspergez, à trois ou quatre, de ce dernier lambeau de civilisation avant la barbarie.

La nuit même de votre arrivée au camp, les kapos vous font mettre en rang et un numéro indélébile vous est tatoué sur le bras. Il remplace l'identité que vous avez perdue, chaque femme étant enregistrée sous son seul numéro avec, pour tout le monde, le prénom de Sarah. Vous êtes le n° 78651. Vous appartenez désormais, avec des millions d'autres, au monde anonyme des déportés. Et, à l'âge où les filles commencent à se détourner de leurs jeux d'enfant pour rêver de robes et de romances au clair de lune, vous êtes l'image même de l'innocence : votre crime est d'être née dans la famille honorable et très digne qui était la vôtre.

Dans l'abîme où vous êtes tombée, dans ce cauchemar devenu réalité, il faut s'obstiner à survivre. Survivre à Auschwitz, comme à Mauthausen, à Treblinka, à Bergen-Belsen, est une tâche presque impossible. Le monstrueux prend des formes quotidiennes. À l'intérieur de l'industrie du massacre, des barèmes s'établissent : pour obtenir une cuiller, il faut l'*organiser*, selon le terme consacré, c'est-à-dire l'échanger contre un morceau de pain. Dans ce monde de la terreur et de l'humiliation, fait pour détruire tout sentiment humain et dont le spectre ne cesse de hanter notre temps, la charité vit encore. Vous portez des haillons. Une Polonaise, rescapée du ghetto de Varsovie, vous donne deux robes. Quel bonheur ! Vous en donnez une à une amie qui était architecte et qui parlait français – et aussi misérable que vous.

Car vous vous faites des amies : Ginette, qui a votre âge, Marceline Loridan, plus jeune de dix-huit mois, qui a quatorze ou quinze ans. Vous devez vous défendre de tout : de la faim, de la brutalité, de la violence, des coups – mais aussi de la compassion trompeuse et trop entreprenante.

Une des chefs du camp, une *Lagerälteste*, était une ancienne prostituée du nom de Stenia, particulièrement dure avec les déportées. Mystère des êtres. Sans rien exiger en échange, Stenia vous sauve deux fois de la mort, votre mère, Milou et vous : une première fois à Birkenau en vous envoyant dans un petit commando, une seconde fois à Bergen-Belsen en vous affectant à la cuisine. À la libération des camps, elle sera pendue par les Anglais.

Nous sommes en janvier 1945. L'avance des troupes soviétiques fait que votre groupe est envoyé à Dora, commando de Buchenwald. Le voyage est effroyable : le froid et le manque de nourriture tuent beaucoup d'entre vous. Vous ne restez que deux jours à Dora. On vous expédie à Bergen-Belsen. Votre mère, épuisée, y meurt du typhus le 13 mars. Un mois plus tard, les troupes anglaises entrent à Bergen-Belsen et vous libèrent. Mais cette libération est loin d'être la fin de vos malheurs sans nom.

Les Anglais sont épouvantés du spectacle qu'ils découvrent dans les camps : des monceaux de cadavres empilés les uns sur les autres et que des squelettes vivants précipitent dans des fosses. Vous êtes accablée par la mort de votre mère et par la santé de votre sœur, qui n'a plus que la peau sur les os, qui est rongée de furoncles et qui, à son tour, a attrapé le typhus. Le retour à Paris, en camion d'abord, puis en train, demande longtemps, très longtemps, et il est amer. Plus d'un mois après la libération de Bergen-Belsen, vous arrivez enfin à l'hôtel Lutetia. Vous apprenez alors seulement le sort de votre sœur Denise, dont vous n'aviez aucune nouvelle depuis Drancy. Déportée à Ravensbrück, puis à Mauthausen, elle vient de rentrer en France. Le sort de votre père et de votre frère, vous ne le saurez que bien plus tard : déportés dans les pays Baltes, ils ont disparu à jamais entre Kaunas et Tallin.

Votre famille est détruite. Vous entendez des gens s'étonner : « Tiens ! Elles sont revenues ? c'est bien la preuve que ce n'était pas si terrible... » Le désespoir vous prend.

En m'adressant à vous, Madame, en cette circonstance un peu solennelle, je pense avec émotion à tous ceux et à toutes celles qui ont connu l'horreur des camps de concentration et d'extermination. Leur souvenir à tous entre ici avec vous. Beaucoup ont péri comme votre père et votre mère. Ceux qui ont survécu ont éprouvé des souffrances que je me sens à peine le droit d'évoquer. La déportation n'est pas seulement une épreuve physique ; c'est la plus cruelle des épreuves morales. Revivre après être passée par le royaume de l'abjection est presque au-dessus des forces humaines. Vous qui aimiez tant une vie qui aurait dû tout vous donner, vous n'osez plus être heureuse. Pendant plusieurs semaines, vous êtes incapable de coucher dans un lit. Vous dormez par terre. Les relations avec les autres vous sont difficiles. Être touchée et même regardée vous est insupportable. Dès qu'il y a plus de deux ou trois personnes, vous vous cachez derrière les rideaux, dans les embrasures des fenêtres. Au cours d'un dîner, un homme plutôt distingué vous demande si c'est votre numéro de vestiaire que vous avez tatoué sur votre bras.

À plusieurs reprises, dans des bouches modestes ou dans des bouches augustes, j'ai entendu parler de votre caractère. C'était toujours dit avec respect, avec affection, mais avec une certaine conviction : il paraît, ma chère Simone, que vous avez un caractère difficile. Difficile ! Je pense bien. On ne sort pas de la Shoah avec le sourire aux lèvres. Avec votre teint de lys, vos longs cheveux, vos yeux verts qui viraient déjà parfois au noir, vous étiez une jeune fille, non seulement très belle, mais très douce et peut-être plutôt rêveuse. Une armée de bourreaux, les crimes du national-socialisme et deux mille cinq cents survivants sur soixante-seize mille juifs français déportés vous ont contrainte à vous durcir pour essayer de sauver votre mère et votre sœur, pour ne pas périr vous-même. Permettez-moi de vous le dire avec simplicité : pour quelqu'un qui a traversé vivante le feu de l'enfer et qui a été bien obligée de perdre beaucoup de ses illusions, vous me paraissez très peu cynique, très tendre et même enjouée et très gaie.

Ce qui vous a sauvée du désespoir, c'est le courage, l'intelligence, la force de caractère et d'âme. Et c'est l'amour : il succède à la haine.

Les Veil avaient le même profil que les Jacob. Par bien des côtés, ils évoquaient la famille que vous aviez perdue : des juifs non religieux, profondément cultivés, ardemment attachés à la France, redevables envers elle de leur intégration. Ils aimaient les arts comme vos parents – et surtout la musique. À l'automne 1946, vous épousez Antoine Veil. Il vous donnera trois fils : Jean, Nicolas, le médecin – malheureusement disparu il y a quelques années –, Pierre-François. Vous êtes maintenant mariés depuis près de soixante-cinq ans, vous avez une douzaine de petits-enfants et plusieurs arrière-petits-enfants, et Antoine est toujours attentif auprès de vous. Puisque nous parlons très librement et pour ainsi dire entre nous, laissez-moi vous assurer, Madame, au cas où vous en auriez besoin, que quelqu'un qui, comme

Antoine, aime autant la musique et Chateaubriand ne peut pas être tout à fait mauvais.

L'histoire des hommes est tragique et risible : en rentrant des épreuves atroces de la déportation, vous apprenez que vous avez été reçue aux épreuves dérisoires de ce bac passé à seize ans, la veille même de votre arrestation, le 29 mars 1944. Vous avez toujours eu envie de devenir avocate. Après être passée par Sciences-Po, vous annoncez à votre mari, qui va être reçu, de son côté, à l'École nationale d'administration avant de se retrouver inspecteur des Finances, votre intention de vous inscrire au barreau. À votre stupeur, Antoine, qui a des idées bien arrêtées et qui ne nourrit pas une haute estime à l'endroit des avocats, vous répond : « Il n'en est pas question ! » C'est ainsi qu'abandonnant votre vocation d'avocat, vous décidez de passer le concours de la magistrature. Ajoutons aussitôt que votre fils aîné Jean et votre cadet, Pierre-François, sont devenus tous les deux des avocats célèbres. Ils participent l'un et l'autre à la plupart des grandes affaires judiciaires et des grandes causes de notre époque.

Votre parcours dans la magistrature n'est pas de tout repos. Vous êtes une femme, vous êtes juive, vous êtes mariée, vous avez trois enfants. Quelle idée ! Beaucoup tentent par tous les moyens de vous dissuader. « Imaginez, vous dit-on, qu'un jour vous soyez contrainte de conduire un condamné à mort à l'échafaud ! » J'aime votre réponse : « J'assumerais. »

Nommée à la direction de l'administration pénitentiaire, vous avez parfois le sentiment de plonger dans le Moyen Âge : les conditions de détention vous paraissent inacceptables. Vous découvrez la grande misère des prisons de France. Au lieu de permettre une réinsertion des délinquants condamnés, elle les enfonce plutôt dans leur malédiction. Vous comprenez assez vite que le problème des prisons se heurte à deux obstacles : les contraintes budgétaires et, plus sérieux encore, l'état de l'opinion. Les contribuables français ne sont pas prêts à payer des impôts pour améliorer le niveau de vie dans les prisons.

De la situation des Algériens emprisonnés à la lutte contre la délinquance sexuelle et la pédophilie, le plus souvent qualifiée à l'époque d'attouchement et trop rarement poursuivie, les dossiers difficiles ne vous manquent pas. De 1957 à 1964, ce sont sept années harassantes – et qui vous passionnent.

Dans cette période où j'admirais éperdument le général de Gaulle, vous n'êtes pas gaulliste. Vous vous situez plus à gauche. Votre grand homme est Mendès France et vous votez souvent socialiste. Vous vous prononcez surtout avec ardeur en faveur de la construction européenne, et le rejet par les gaullistes, par les communistes, par Mendès France lui-même du projet de Communauté européenne de défense, la fameuse CED, vous attriste, Antoine et vous. Vous observez avec intérêt le bouillonnement d'idées symbolisé par la création de *L'Express*, vous vous sentez proche de Raymond Aron, vous nourrissez l'espérance de voir émerger une troisième force entre gaullisme et communisme. Après Mai 68 – auquel votre deuxième fils participe assez activement – et le départ du Général en 1969, Georges Pompidou vous nomme au poste prestigieux, mais franchement plus calme après les tumultes de l'administration pénitentiaire, de secrétaire du Conseil supérieur de la magistrature.

Le 2 avril 1974, la mort de Georges Pompidou est un choc pour vous comme pour tous les Français. Des trois concurrents en lice pour lui succéder – Jacques Chaban-Delmas, Valéry Giscard d'Estaing, François Mitterrand –, le père de la « nouvelle société » vous apparaît comme le plus authentique réformateur. Vous vous apprêtez à voter pour lui lorsque soudain sa campagne s'enlise. Une émission de télévision où Chaban apparaît flanqué d'un Malraux éprouvé et à peine compréhensible donne le coup de grâce à ses ambitions. Au second tour, vous êtes tentée de vous abstenir. Contrairement à ce qui a été souvent colporté, après avoir hésité, vous votez pour Giscard.

C'est ici qu'apparaît un nouveau personnage, convivial et chaleureux : Jacques Chirac. Il venait de rallier Giscard et de lui apporter le soutien des fameux 43 venus du mouvement gaulliste. Vous étiez liée avec sa principale conseillère, magistrat comme vous, Marie-France Garaud. Un magazine féminin publie un article sur un éventuel et imaginaire gouvernement de femmes. Sur ce podium virtuel, à la surprise, il faut le dire, de beaucoup, et d'abord de vous-même, vous étiez propulsée au poste de Premier ministre.

Un soir, à un dîner chez des amis, où se fait sentir une certaine ironie à l'égard de l'improbable journalisme féminin et de ses vaticinations, le téléphone sonne. La maîtresse de maison vous fait un signe : c'est pour vous. Au bout du fil, Jacques Chirac qui vient d'être désigné comme Premier ministre par Giscard. Il vous offre d'entrer dans son gouvernement que le Président Giscard d'Estaing, en novateur, souhaite aussi large que possible. Vous n'hésitez pas longtemps. Vous devenez ministre de la Santé. Vous êtes la seule femme ministre : Françoise Giroud, avec qui vous entretiendrez des relations qui ne seront pas toujours chaleureuses, est secrétaire d'État à la Condition féminine.

Il y a un homme, dont les idées politiques ne se confondent pas toujours avec les vôtres, avec qui vous allez vous entendre aussitôt : c'est le confident fidèle de Giscard, c'est le ministre de l'Intérieur, c'est le véritable Premier ministre bis de votre gouvernement : Michel Poniatowski. Il a été ministre de la Santé dans le dernier gouvernement Pompidou – qui était dirigé par Pierre Messmer dont vous venez de retracer l'héroïsme, la grandeur, les tourments et l'attachement à cette Légion étrangère qui, le matin de ses obsèques, défilera en silence dans la cour des Invalides : il avait demandé – quelle leçon ! – qu'aucun discours ne fût prononcé.

C'est Michel Poniatowski qui vous parle le premier d'un problème urgent et grave : l'avortement clandestin. On pouvait imaginer que cette question relevât du ministère de la Justice. Mais le nouveau garde des Sceaux, Jean Lecanuet, pour désireux qu'il fût de traiter cette affaire, n'était pas convaincu de l'urgence du débat. C'est vous que le président de la République et le Premier ministre vont charger de ce dossier écrasant.

Depuis plusieurs années, la situation de l'avortement clandestin en France devenait intenable. L'avortement est toujours un drame. Avec la vieille loi de 1920 qui était encore en vigueur, il devenait une tragédie. Un film de Claude Chabrol s'était inspiré de l'exécution « pour l'exemple », sous le régime de Vichy, de Marie-Louise Giraud, blanchisseuse à Cherbourg. En 1972, une mineure violée avait été poursuivie pour avortement devant le tribunal de Bobigny. À la suite d'une audience célèbre, Gisèle Halimi avait obtenu son acquittement. En même temps, pendant que se déroulaient des histoires plus sordides et plus sinistres les unes que les autres, des trains et des cars entiers partaient régulièrement pour l'Angleterre ou pour les Pays-Bas afin de permettre à des femmes des classes aisées de se faire avorter.

À beaucoup d'hommes et de femmes, de médecins, de responsables politiques, effarés de voir les dégâts entraînés par les avortements sauvages dans les couches populaires, et à vous, cette situation paraissait intolérable. Mais les esprits étaient partagés, souvent avec violence. Chez les hommes, évidemment, plus que chez les femmes. Vous finissez par vous demander si les hommes ne sont pas, en fin de compte, plus hostiles à la contraception qu'à l'avortement. La contraception consacre la liberté des femmes et la maîtrise qu'elles ont de leur corps. Elle dépossède les hommes. L'avortement, en revanche, qui meurtrit les femmes, ne les soustrait pas à l'autorité des hommes. Une des clés de votre action, c'est que vous êtes du côté des femmes. Avec calme, mais avec résolution, vous vous affirmez féministe.

Les difficultés, souvent cruelles, auxquelles vous vous heurtez en 1974 ne se sont pas dissipées trente-cinq ans plus tard. Il y a à peine un an, une affaire dramatique secouait Recife, l'État de Pernambouc, le Brésil et le monde entier. Une fillette de neuf ans, qui mesurait un mètre trente-six et pesait trente-trois kilos, avait été violée par son beau-père depuis l'âge de six ans et attendait des jumeaux. L'avortement, au Brésil, comme dans la plupart des pays d'Amérique latine, est considéré comme un crime. La loi n'autorise que deux exceptions : viol ou danger pour la vie de la mère. Les deux cas s'appliquant, l'avortement avait été pratiqué. Aussitôt l'archevêque de Recife et Olinda, Dom José Cardoso Sobrinho, qui avait succédé à ce poste à Dom Helder Camara, porte-parole de la théologie de la libération, avait frappé d'excommunication les médecins responsables de l'avortement ainsi que la mère de la fillette. Le scandale est venu surtout de la décision de l'archevêque de ne pas étendre l'excommunication au beau-père de l'enfant sous prétexte que le viol est un crime moins grave que l'avortement.

Ce sont des réactions de cet ordre auxquelles vous êtes affrontée en 1974. Elles ne viennent pas principalement des autorités religieuses. Les catholiques, les protestants, les juifs étaient très divisés. Les catholiques intégristes vous étaient – et vous restent – farouchement opposés. Certains luthériens étaient hostiles à votre projet alors que la majorité de l'Église réformée y était favorable. Parmi les juifs religieux, quelques-uns vous ont gardé rancune : il y a cinq ans, des rabbins intégristes de New York ont écrit au président de la République polonaise pour contester le choix de l'auteur de la loi française sur l'interruption volontaire de grossesse comme représentant des déportés au 60e anniversaire de la libération d'Auschwitz.

Une minorité de l'opinion s'est déchaînée – et se déchaîne encore – contre vous. L'extrême droite antisémite restait violente et active. Mais d'autres accusations vous touchaient peut-être plus cruellement. « Comment vous, vous disait-on, avec votre passé, avec ce que vous avez connu, pouvez-vous assumer ce rôle ? » Le mot de génocide était parfois prononcé.

L'agitation des esprits était à son comble. À l'époque, la télévision ne retransmettait pas les débats parlementaires. Au moment où s'ouvre, sous la présidence d'Edgar Faure, la discussion du projet à l'Assemblée nationale, une grève éclate à l'ORTF.

En dépit à la fois de la coutume et de la grève, des techniciens grévistes s'installent dans les tribunes et diffusent le débat en direct. Ce sont pour vous de grands moments d'émotion et d'épuisement. Beaucoup d'entre nous, aujourd'hui et ici, se souviennent encore de ce spectacle où la grandeur se mêlait à la sauvagerie. Je vous revois, Madame, faisant front contre l'adversité avec ce courage et cette résolution qui sont votre marque propre. Les attaques sont violentes. À certains moments, le découragement s'empare de vous. Mais vous vous reprenez toujours. Vous êtes une espèce d'Antigone qui aurait triomphé de Créon. Votre projet finit par être adopté à l'Assemblée nationale par une majorité plus large que prévu : deux cent quatre-vingt-quatre voix contre cent quatre-vingt-neuf. La totalité des voix de gauche et – c'était une chance pour le gouvernement – une courte majorité des voix de droite.

Restait l'obstacle tant redouté du Sénat, réputé plus conservateur, surtout sur ce genre de questions. Le gouvernement craignait l'obligation d'une seconde lecture à l'Assemblée nationale pour enregistrement définitif. La surprise fut l'adoption du texte par le Sénat avec une relative facilité. C'était une victoire historique. Elle inscrit à jamais votre nom au tableau d'honneur de la lutte, si ardente dans le monde contemporain, pour la dignité de la femme.

Le temps, pour vous, passe à toute allure. Pour moi aussi. Il faut aller vite. Après avoir été du côté de la liberté des hommes et de l'égalité des femmes, vous consacrez votre énergie, votre courage, votre volonté inébranlables à une cause nouvelle : la fraternité entre les peuples. Y compris la réconciliation, après l'horreur, avec l'Allemagne d'hier et de demain, celle de Bach, de Kant, de Goethe, de Hölderlin, de Schumann, d'Heinrich Heine, de Husserl, de Thomas Mann et celle de l'Union européenne.

Aux élections européennes de juin 1979, la liste que vous entraînez, sur proposition du Président Giscard d'Estaing, en compagnie de Jean-François Deniau, dont vous me permettrez de prononcer le nom avec affection, remporte une victoire éclatante : elle arrive première, assez loin devant celle du parti socialiste, plus de dix points au-dessus de la liste gaulliste. Vous voilà député à Strasbourg. Et, dès sa première séance, à la mi-juillet, avec trois voix de plus que la majorité absolue, vous êtes élue, pour trente mois, à la présidence du Parlement européen.

Citoyenne de l'Europe au niveau le plus élevé, vous nouez des liens avec Helmut Schmidt, avec Margaret Thatcher, avec le roi d'Espagne, avec Ronald Reagan, avec le couple Clinton, avec le roi de Jordanie, avec Abdou Diouf, avec tant d'autres – avec deux hommes d'exception surtout, pour qui vous éprouvez une admiration particulière : Nelson Mandela et Anouar al-Sadate. Après son voyage historique à Jérusalem, vous invitez le dirigeant égyptien à prendre la parole devant le Parlement européen. C'était l'époque où l'hypothèse d'un État palestinien était pratiquement acquise. Elle n'a cessé, hélas ! de s'estomper depuis lors.

Vous avez toujours été libre, véhémente et sereine. Vous le restez, tout au long de vos hautes fonctions, et au-delà. Sur plusieurs points, vous marquez votre indépendance : vous éprouvez des réserves à l'égard de l'idéologie des droits de l'homme, vous vous interrogez sur l'absence de prescription des crimes contre l'humanité. L'arrivée au pouvoir de François Mitterrand provoque chez vous des sentiments contrastés : admiration pour le discours présidentiel prononcé en 1984 devant le Bundestag, avec la fameuse formule sur les pacifistes à l'Ouest et les missiles à l'Est ; méfiance à l'égard du projet Mitterrand d'Europe confédérale qui, en 1991, à l'effroi des pays de l'Est, privilégiait outrageusement la Russie au détriment des États-Unis. Vous ne tardez surtout pas beaucoup à mettre le doigt sur des problèmes qui, aujourd'hui encore, trente ans plus tard, pèsent sur les institutions européennes : les clivages politiques nationaux qui parasitent les débats communautaires ; l'éparpillement des instances européennes entre Bruxelles, Strasbourg et Luxembourg ; la contradiction permanente surtout entre l'aspiration à la communauté et la fidélité aux racines ancestrales – au point que votre conception de l'Europe a fini par évoluer. Vous croyez moins désormais à un édifice européen monolithique qu'à un agrégat de nations.

Le 30 mars 1993, après avoir quitté la scène européenne, vous êtes sur le point de vous envoler pour la Namibie où vous appelle la lutte contre le sida quand un coup de téléphone vous surprend une fois de plus : Édouard Balladur, le tout nouveau Premier ministre de la deuxième cohabitation, vous propose de revenir au ministère de la Santé, élargi ce coup-ci aux Affaires sociales et à la Ville, avec rang de ministre d'État.

Avec la cohabitation, le paysage a changé. Les problèmes que vous allez rencontrer dans ces fonctions nouvelles ou renouvelées sont d'une actualité brûlante : déficit de la Sécurité sociale, quartiers réputés « difficiles », montée de communautés – notamment musulmane – trop souvent repliées sur elles-mêmes. Vous faites face jusqu'à l'élection à la présidence de la République de Jacques Chirac, suivie, deux ans plus tard, du retour de la gauche au pouvoir avec la troisième cohabitation. Vous décidez alors de vous inscrire à l'UDF. Mais vos relations se révèlent vite difficiles – et c'est plutôt une litote – avec son secrétaire général, François Bayrou. Vous avez une passion pour la politique, mais dès qu'elle devient politicienne, elle cesse de vous intéresser. Vous n'hésitez pas longtemps : vous renoncez à la politique.

La vie, qui a été si dure avec vous, ne cesse, cependant, comme pour s'excuser, de vous offrir des chances qui sont autant d'hommages à votre personne, à votre intégrité et à votre talent. Créé par la Constitution de 1958 pour veiller à son respect, composé de membres de droit qui sont les anciens présidents de la République et de neuf membres nommés – trois par le président de la République, trois autres par le président du Sénat, trois autres encore par le président de l'Assemblée nationale –, le Conseil constitutionnel veille à la légitimité des lois et à la régularité des élections. Vous venez à peine de quitter l'UDF que René Monory, président du Sénat, vous nomme, pour neuf ans, au Conseil constitutionnel.

Vous accomplirez au sein de la haute magistrature des tâches essentielles que le temps m'empêche d'énumérer dans le détail. Disons rapidement que vous y confirmez la loi sur la bio-éthique et que vous y tranchez le débat récurrent de la primauté du droit communautaire sur la législation nationale. À aucun moment, dans ces fonctions éminentes que vous exercez avec une loyauté parfaite, vous n'abandonnez vos convictions. Le rejet par les Français, en 2005, du projet de Constitution européenne vous consterne ; vous n'êtes guère favorable au quinquennat ; l'élection du président de la République au suffrage universel direct ne répond même pas à vos vœux profonds – ce qui ne vous empêche pas, il y a près de trois ans et en dépit de vos réserves sur la dérive présidentialiste de nos institutions, de vous déclarer pour Nicolas Sarkozy ; vous êtes ardemment en faveur de la parité et de la discrimination positive. Dans une longue interview accordée à Pierre Nora pour sa revue *Le Débat*, vous n'hésitez pas à déplorer l'absence en France d'un véritable dialogue démocratique. Lorsqu'il y a deux ans à peine vous quittez le Conseil constitutionnel, vous avez le sentiment d'avoir été fidèle à la fois à vous-même et aux devoirs de votre charge.

Au terme de ces instants trop brefs et déjà trop longs que j'ai eu la chance et le bonheur de passer avec vous, je m'interroge sur les sentiments que vous portent les Français. Vous avez été abreuvée d'insultes par une minorité – et une large majorité voue une sorte de culte à l'icône que vous êtes devenue.

La première réponse à la question posée par une popularité si constante et si exceptionnelle est liée à votre attitude face au malheur. Vous avez dominé ce malheur avec une fermeté d'âme exemplaire. Ce que vous êtes d'abord, c'est courageuse – et les Français aiment le courage.

Vous avez des convictions – mais elles ne sont jamais partisanes. Vous les défendez avec force. Mais vous êtes loyale envers vos adversaires comme vous êtes loyale envers vos amis. Vous êtes un modèle d'indépendance. Plus d'une fois, vous trouvez le courage de vous opposer à ceux qui vous sont proches et de prendre, parce que vous pensez qu'ils n'ont pas toujours tort, le parti de ceux qui sont plus éloignés de vous. C'est aussi pour cette raison que les Français vous aiment.

Avec une rigueur à toute épreuve, vous êtes, en vérité, une éternelle rebelle. Vous êtes féministe, vous défendez la cause des femmes avec une fermeté implacable – mais vous n'adhérez pas aux thèses de celles qui, à l'image de Simone de Beauvoir, nient les différences entre les sexes. Vous êtes du côté des plus faibles – mais vous refusez toute victimisation. Quand on vous propose la Légion d'honneur au titre d'ancienne déportée, vous déclarez avec calme et avec beaucoup d'audace qu'il ne suffit pas d'avoir été malheureuse dans un camp pour mériter d'être décorée.

La clé de votre popularité, il faut peut-être la chercher, en fin de compte, dans votre capacité à emporter l'adhésion des Français. Cette adhésion ne repose pas pour vous sur je ne sais quel consensus médiocre et boiteux entre les innombrables opinions qui ne cessent de diviser notre vieux pays. Elle repose sur des principes que vous affirmez, envers et contre tous, sans jamais hausser le ton, et qui finissent par convaincre. Disons-le sans affectation : au cœur de la vie politique, vous offrez une image républicaine et morale.

Il y a en vous comme un secret : vous êtes la tradition même et la modernité incarnée. Je vous regarde, Madame : vous me faites penser à ces grandes dames d'autrefois dont la dignité et l'allure imposaient le respect. Et puis, je considère votre parcours et je vous vois comme une de ces figures de proue en avance sur l'histoire.

Oui, il y a de l'énigme en vous : une énigme claire et lumineuse jusqu'à la transparence. Elle inspire à ceux qui ont confiance en vous des sentiments qui les étonnent eux-mêmes. Vous le savez bien : ici, sous cette Coupole, nous avons un faible pour les coups d'encensoir dont se méfiait Pierre Messmer. L'admiration est très répandue parmi ceux qui se traitent eux-mêmes d'immortels. Nous nous détestons parfois, mais nous nous admirons presque toujours. Nous passons notre temps à nous asperger d'éloges plus ou moins mérités : nous sommes une société d'admiration mutuelle, que Voltaire déjà dénonçait en son temps. Cette admiration, vous la suscitez, bien sûr, vous-même. Mais, dans votre cas, quelque chose d'autre s'y mêle : du respect, de l'affection, une sorte de fascination. Beaucoup, en France et au-delà, voudraient vous avoir, selon leur âge, pour confidente, pour amie, pour mère, peut-être pour femme de leur vie. Ces rêves d'enfant, les membres de notre compagnie les partagent à leur tour. Aussi ont-ils choisi de vous prendre à jamais comme consœur. Je baisse la voix, on pourrait nous entendre : comme l'immense majorité des Français, nous vous aimons, Madame. Soyez la bienvenue au fauteuil de Racine qui parlait si bien de l'amour.

Allocution de Jacques Chirac

À l'occasion de la remise
de l'épée au Sénat

16 mars 2010

Monsieur le Président du Sénat,
Madame le Secrétaire Perpétuel,
Monsieur le Chancelier de l'Ordre de la Libération,
Chers amis,
Ma chère Simone,

En empruntant à Guy de Maupassant le titre de son premier et merveilleux roman – *Une vie* – pour nous inviter à partager le récit bouleversant de votre destinée, je ne sais si vous aviez souvenir que ce maître de notre littérature avait d'abord intitulé son livre « L'Humble Vérité ».

À travers l'itinéraire édifiant d'une jeune femme, il entendait nous faire ressentir toute l'émotion de la réalité.

Et telle est bien la nature de l'émotion que chacun d'entre nous éprouve quand il vous regarde et qu'il vous écoute parler si justement de la réalité de votre vie.

Une vie qui ne doit rien à la fiction et qui porte en elle toute la force du témoignage.

Une vie qui exprime toute la valeur de l'exemple.

Une vie où la souffrance et le désespoir cèdent le pas devant le courage et la confiance inlassable dans l'humanité et dans les forces de l'esprit.

En cet instant d'amitié qui nous rassemble autour de vous, puis-je très simplement, ma chère Simone, vous exprimer l'affection et l'admiration que nous vous portons ?

Pour nous tous, vous êtes d'abord une conscience.

Victime et témoin de la Shoah, drame sans équivalent dans l'histoire des hommes, vous nous avez transmis le flambeau du souvenir.

Sa flamme est là.

Elle brille dans vos yeux.

Elle repousse à chaque instant le temps et l'oubli.

Elle nous invite à la fidélité, à la vigilance, à la résistance.

Conscience, chère Simone, mais aussi « exemple » devenu symbole.

Pour bien des femmes françaises, de toutes les générations, de tous les horizons, vous êtes un modèle, une référence, un motif de fierté.

Elles vous témoignent admiration et reconnaissance.

Elles revendiquent votre héritage et entendent porter plus loin le témoin que vous leur avez transmis.

Imagine-t-on le chemin qu'il fallut parcourir et les combats qu'il fallut livrer pour que les femmes, qui n'ont obtenu le droit de vote qu'au moment où vous rentriez des camps de la mort, commencent à trouver, en deux générations, leur place au sein de notre société ?

Oui, chère Simone Veil, vous avez changé le visage de notre République.

Oui, vous avez su imposer, comme une évidence, le simple droit des femmes.

– Droit à l'éducation, au savoir, à la formation, sans lesquels il n'est pas d'égalité ni de liberté.

– Droit au travail, à l'indépendance économique, aux responsabilités professionnelles.

– Droit de conserver la pleine maîtrise de son corps et de choisir d'être mère quand on le désire.

– Droit de défendre ses idées, ses convictions, ses engagements.

Des engagements que vous aurez toujours à cœur de porter, à l'image de votre attachement profond à la construction de l'Union européenne, inséparable, à vos yeux, de la préservation de la paix, de la démocratie et des droits de l'homme.

Chacun l'aura compris, ma chère Simone, derrière ces combats, qui sont devenus, bien souvent grâce à vous, des acquis, se dévoile une personnalité d'une richesse hors du commun.

L'amitié qui nous unit depuis si longtemps m'autorise à dire avec affection que vous ne manquez pas – comment dire ? – ... de caractère.

Mais quand s'y ajoutent une sensibilité à fleur de peau, une rare intelligence, quand s'y greffent la détermination et la conviction, enfin le charme irrésistible de votre sourire, il y a là une alliance redoutable d'efficacité.

En un mot, nous savons que vous pouvez déplacer des montagnes.

J'imagine ce que votre superbe épée de jeune académicienne nous réserve comme nouveaux combats !

Voici d'ailleurs que les hasards de l'histoire, ou les clins d'yeux du destin, vous feront siéger au fauteuil n° 13 de l'Académie française.

Celui-là même qu'occupèrent, entre autres, Jean Racine ou Paul Claudel.

Vous y succéderez à Pierre Messmer auquel tant de liens, vous le savez, me rattachaient.

Mais ce soir, chère Simone, avec le Comité de l'Épée, dont vous m'avez fait l'honneur de me proposer la présidence – responsabilité bien légère grâce à l'efficacité de son secrétaire général Robert Parienti et des éditions Stock –, c'est avant tout l'amitié fidèle qui nous réunit.

C'est un bonheur de partager ces instants de joie avec vous et avec les vôtres, notamment votre mari, Antoine, et vos deux fils, Jean et Pierre-François, que je suis heureux de saluer affectueusement. Comment aussi ne pas avoir une pensée pour Nicolas.

Ces quelques mots n'ont d'autre ambition que de vous exprimer notre reconnaissance, au nom de tous ceux qui ont souhaité s'associer à votre entrée à l'Académie française, en vous offrant cette épée due au talent du sculpteur Yvan Theimer.

Elle rassemble, sur les deux mains serrées de la réconciliation, les devises et les symboles pacifiques de vos fonctions successives et de vos engagements.

Je souhaite qu'elle vous dise notre respect, notre affection, notre admiration et notre reconnaissance.

Qu'elle soit enfin le gage de notre présence à vos côtés et de notre fidèle soutien dans toutes les causes que vous continuez à défendre.

Nous la confions avec joie à François Jacob, votre éminent confrère sous la Coupole, pour vous la remettre.

Je vous remercie.

Allocution de Simone Veil

Remerciement au président
Jacques Chirac au Sénat

16 mars 2010

Monsieur le Président, mon cher Jacques,

Vous me permettrez, avant toute autre chose, de remercier le Président du Sénat, qui a bien voulu accueillir en ces lieux prestigieux la manifestation de ce jour.

En écoutant l'éloge que vous venez de me consacrer, j'ai eu difficulté à m'identifier à la personne que vous venez d'encenser.

Pourtant, je suis heureuse, dans cette étrange circonstance qu'est la remise d'une épée à une femme, ce qui n'est pas monnaie courante, sous l'égide de la personne même qui a sorti cette femme de l'anonymat, de pouvoir vous exprimer ma gratitude. Au passage, on ne manquera pas de noter que cette épée a été offerte en 1874 à une dame Drevet, eh oui, une femme déjà, par le 92e de ligne reconnaissant des services rendus à ce régiment par sa cantinière.

Je vous dois beaucoup, mon cher Jacques. Je vous dois, d'abord, de m'avoir permis de m'accomplir, en appelant le modeste magistrat que j'étais au gouvernement que vous formiez, sous l'autorité du Président Giscard d'Estaing, voilà bientôt trente-six ans. Le soutien sans faille que vous m'avez apporté au fil des années qui ont suivi m'a profondément touchée, notamment dans les circonstances difficiles d'un débat parlementaire où votre conscience vous faisait peut-être problème. Il n'empêche. L'appui dont j'ai alors bénéficié de votre part a créé entre nous une relation dont la solidité a résisté à toutes les divergences qui auraient pu, depuis lors, nous opposer.

Au terme de ce long parcours, je vous suis particulièrement reconnaissante d'avoir accepté de présider ce Comité de l'Épée qui me conduit aujourd'hui à être devant vous. Je suis heureuse aussi que la circonstance me permette d'exprimer ma gratitude à François Jacob, que notre homonymie n'a pas dissuadé de me remettre cette épée, en présence de mes parrains, ainsi que d'Hélène Carrère d'Encausse, la bonne fée, de bout en bout, de ce rêve éveillé.

Je veux dire aussi ma très profonde reconnaissance à tous ceux qui ont tenu à me manifester leur amitié ou leur affection, en confiant aux mains miraculeuses d'Yvan Theimer, la réalisation de la garde et de la poignée de ce magnifique objet d'art. Cette épée qui symbolise désormais les points forts de ma vie, la famille, l'expérience concentrationnaire, indélébile, mais aussi la réconciliation des peuples et des hommes, la justice, la santé, l'espérance européenne, dont j'ai souhaité que la devise s'entrelace à celle de notre pays. Ils peuvent être fiers de cet objet symbolique à la réalisation duquel ils sont définitivement associés.

Pour exorciser la vocation guerrière de cette épée, dans un monde qui explore laborieusement les voies de la paix, je ne vois pas mieux que de rappeler, en citant Cicéron, « *Cedant arma togae* », qu'elle doit toujours céder le pas au pouvoir civil, principe dont Pierre Messmer, à qui je vais avoir l'honneur de succéder au treizième fauteuil de l'Académie française, ne s'est jamais départi.

Chronologie

1810	*Le Code pénal qualifie l'avortement de crime, passible de la cour d'assises.**
1920	*Loi nataliste interdisant l'avortement, la contraception et la diffusion de toute information anticonceptionnelle.*
1923	*Loi interdisant l'avortement, qualifié désormais de délit, et prévoyant des peines pour les personnes ayant provoqué l'avortement et celles y ayant eu recours.*
13 juillet 1927	Naissance de Simone Veil à Nice.
1942	*Loi faisant de l'avortement un crime contre la sûreté de l'État, passible de la peine de mort (loi abrogée à la Libération).*
30 juillet 1943	*Exécution de Marie-Louise Giraud, condamnée pour avoir pratiqué l'avortement sur vingt-sept femmes.*
1944-1945	Déportation de Simone Veil aux camps d'Auschwitz puis de Bergen-Belsen.

---

* Les événements historiques sont présentés en italique.

1945	Inscription à la faculté de droit et à l'Institut d'études politiques de Paris.
1955	*Autorisation de l'avortement thérapeutique.*
1956	Entrée de Simone Veil dans la magistrature.
1970	Nommée secrétaire générale du Conseil supérieur de la magistrature.
1971	*« Manifeste des 343 », dans lequel trois cent quarante-trois femmes célèbres déclarent avoir avorté.*
1972	*« Procès de Bobigny », au cours duquel l'avocate Gisèle Halimi obtient la relaxe pour la jeune Marie-Claire, seize ans, s'étant fait avorter après avoir été violée.*
1974	Simone Veil est nommée ministre de la Santé après l'élection de Valéry Giscard d'Estaing (1974-1979), dans les gouvernements Chirac puis Barre.
20 décembre 1974	*Le projet de loi Veil dépénalisant l'avortement est voté par 277 voix contre 192 à l'Assemblée nationale et 185 voix contre 88 au Sénat, malgré l'opposition des deux tiers de la majorité et grâce à l'unanimité de l'opposition.*
17 janvier 1975	*Promulgation de la « loi Veil » dépénalisant l'interruption volontaire de grossesse, pour une durée de cinq ans.*
Juin-juillet 1979	Simone Veil conduit la liste de l'Union pour la démocratie française (UDF) aux élections européennes.

19 juillet 1979	Élue première présidente du Parlement européen (1979-1982).
31 décembre 1979	*Adoption à l'Assemblée nationale du projet de loi rendant définitives les dispositions de la loi de 1975, par 271 voix contre 201, seuls 70 députés de la majorité sur 290 ayant voté pour.*
31 décembre 1982	*Loi prévoyant le remboursement de l'interruption volontaire de grossesse.*
Juin 1984	Simone Veil conduit la liste d'union UDF-RPR aux élections européennes, qui obtient 43 % des suffrages.
1984-1989	Présidente du Groupe libéral et démocrate au Parlement européen.
Janvier 1993	*Loi créant le délit d'entrave à l'interruption volontaire de grossesse.*
Mars 1993	Simone Veil est nommée ministre des Affaires sociales, de la Santé et de la Ville par Jacques Chirac, dans le gouvernement Balladur (1993-1995).
Mars 1998	Membre du Conseil constitutionnel (1998-2007).
Octobre 2007	Publication de son autobiographie *Une vie*, qui rencontre un grand succès.
20 novembre 2008	Élue au premier tour à l'Académie française, au fauteuil de Pierre Messmer.
30 juin 2017	Mort de Simone Veil.
1er juillet 2018	Entrée au Panthéon.

Les Grands Discours qui ont marqué l'Histoire, incarnés par des figures d'exception

« Elles sont 300 000 chaque année »
Discours de SIMONE VEIL pour le droit à l'avortement, 26 novembre 1974
suivi de **« Accéder à la maternité volontaire »**
Discours de LUCIEN NEUWIRTH, 1er juillet 1967

« Lançons la liberté dans les colonies »
Discours de G. J. DANTON et L. DUFAY, 4 février 1794
suivi de **« La France est un arbre vivant »**
Discours de LÉOPOLD SÉDAR SENGHOR, 29 janvier 1957
et de **« La traite et l'esclavage sont un crime contre l'humanité »**
Discours de CHRISTINE TAUBIRA, 18 février 1999

« I have a dream »
Discours de MARTIN LUTHER KING, 28 août 1963
suivi de **« La nation et la race »**
Conférence d'ERNEST RENAN, 11 mars 1882
Édition bilingue

« Yes we can »
Discours de BARACK OBAMA, 8 janvier 2008
suivi de **« Nous surmonterons nos difficultés »**
Discours de FRANKLIN D. ROOSEVELT, 4 mars 1933
Édition bilingue

« Du sang, de la sueur et des larmes »
Discours de Winston Churchill, 13 mai et 18 juin 1940
suivi de **L'Appel du 18 juin**
Discours du Général de Gaulle, 18 et 22 juin 1940
Édition bilingue

« Le mal ne se maintient que par la violence »
Discours du Mahatma Gandhi, 23 mars 1922
suivi de **« La vérité est la seule arme
dont nous disposons »**
Discours du Dalaï Lama, 10 décembre 1989
Édition bilingue

**« Demain vous voterez l'abolition
de la peine de mort »**
Discours de Robert Badinter, 17 septembre 1981
suivi de **« Je crois qu'il y a lieu de recourir
à la peine exemplaire »**
Discours de Maurice Barrès, 3 juillet 1908

« Vous frappez à tort et à travers »
Discours de François Mitterrand et Michel Rocard,
29 avril 1970
suivi de **« L'insécurité est la première des inégalités »**
Discours de Nicolas Sarkozy, 18 mars 2009

« La paix a ses chances »
Discours d'Itzhak Rabin, 4 novembre 1995
suivi de **« Nous proclamons la création
d'un État juif »**
Discours de David Ben Gourion, 14 mai 1948
et de **« La Palestine est le pays natal
du peuple palestinien »**
Discours de Yasser Arafat, 15 novembre 1988
Édition bilingue

«Entre ici, Jean Moulin»
Discours d'ANDRÉ MALRAUX en hommage à Jean Moulin,
19 décembre 1964
suivi de «**Vous ne serez pas morts en vain!**»
Appels de THOMAS MANN sur les ondes de la BBC,
mars 1941 et juin 1943
Édition bilingue

«Le temps est venu»
Discours de NELSON MANDELA, 10 mai 1994
suivi de «**Éveillez-vous à la liberté**»
Discours de JAWAHARLAL «PANDIT» NEHRU, 14 août 1947
Édition bilingue

«Une révolution des consciences»
Discours d'AUNG SAN SUU KYI, 9 juillet 1990
suivi de «**Appeler le peuple à la lutte ouverte**»
Discours de LÉON TROTSKY, 4 octobre 1906
Édition bilingue

«Je démissionne de la présidence»
Discours de RICHARD NIXON, 8 août 1974
suivi de «**Un grand État cesse d'exister**»
Discours de MIKHAÏL GORBATCHEV, 25 décembre 1991
et de «**Un jour, je vous le promets**»
Projet de discours attribué au GÉNÉRAL DE GAULLE,
janvier 1946
Édition bilingue

«Africains, levons-nous»
Discours de PATRICE LUMUMBA, 22 mars 1959
suivi de «**Nous préférons la liberté**»
Discours de SÉKOU TOURÉ, 25 août 1958
et de «**Le devoir de civiliser**»
Discours de JULES FERRY, 28 juillet 1885

«¡No pasarán!»
Appel de Dolores Ibárruri, 19 juillet 1936
suivi de **«Le peuple doit se défendre»**
Message radiodiffusé de Salvador Allende,
11 septembre 1973
et de **«Ce sang qui coule, c'est le vôtre»**
Discours de Victor Hugo, 20 avril 1853
Édition bilingue

«Citoyennes, armons-nous»
Discours de Théroigne de Méricourt, 25 mars 1792
suivi de **«Veuillez être leurs égales»**
Adresse de George Sand, avril 1848
et de **«Il est temps»**
Discours d'Élisabeth Guigou, 15 décembre 1998

«Le vote ou le fusil»
Discours de Malcolm X, 3 avril 1964
suivi de **«Nous formons un seul et même pays»**
Discours de John F. Kennedy, 11 juin 1963

«Vive la Commune!»
Procès de Louise Michel, 16 décembre 1871
suivi de **«La Commune est proclamée»**
Jules Vallès, 30 mars 1871
et de **«La guerre civile en France»**
Adresse de Karl Marx, 30 mai 1871

«Une Europe pour la paix»
Discours de Robert Schuman, 9 mai 1950
suivi de **«Nous disons NON»**
Discours de Jacques Chirac, 6 décembre 1978
et de **«Une communauté passionnée»**
Discours de Stefan Zweig, 1932

« **Je vous ai compris !** »
Discours de Charles de Gaulle, 4 juin 1958
suivi de « **L'Algérie n'est pas la France** »
Déclaration du Gouvernement provisoire algérien,
19 septembre 1958
et de « **Le droit à l'insoumission** »
Manifeste des 121 (Simone de Beauvoir, André Breton,
Marguerite Duras…),
6 septembre 1960

« **Françaises, Français, Belges, Belges** »
Réquisitoires de Pierre Desproges
contre Daniel Cohn-Bendit et Jean-Marie Le Pen
septembre 1982

Le pouvoir de l'espoir
Discours de Barack Obama
précédé du Dernier Discours de Michelle Obama
janvier 2017
Édition bilingue

RÉALISATION : NORD COMPO À VILLENEUVE-D'ASCQ
IMPRESSION : NORMANDIE ROTO IMPRESSION S.A.S. À LONRAI
DÉPÔT LÉGAL : JUIN 2018. N° 138667 (1801855)
IMPRIMÉ EN FRANCE